Auf den Spuren von Theodor Fontane

Auf den Spuren von

Theodor Fontane

durch die Mark Brandenburg

Mit allen wichtigen Fontane-Orten

von A bis Z

Georg Jung

Ellert & Richter Verlag

Inhalt

Vorwort

Wer heute durch das verwaltungspolitisch erst sehr junge Land Brandenburg reist, das seinen Namen der im 12. Jahrhundert gegründeten Markgrafenschaft entlehnt hat, und das mit einigen Ausnahmen dessen Territorium entspricht, wird auf Schritt und Tritt den Spuren Fontanes begegnen. Viele der Orte sind zu einer Art Genius loci geworden, literarische Orte, die durch Beschreibungen in den „Wanderungen", aber auch durch seine nachfolgenden Romanwerke mit einer geistigen Atmosphäre umsponnen sind, über denen die Aura des Besonderen schwebt, wo Geschichte geschrieben wurde, wo sich menschliche Schicksale erfüllten.

Mit den „Wanderungen durch die Mark Brandenburg" hat Theodor Fontane sein literarisches Testament geschrieben, „wenn ich noch dazu komme, das Buch zu schreiben, habe ich nicht umsonst gelebt", notierte er im Sommer 1856 in seinem Londoner Tagebuch, als er den Plan gefasst hatte, ein Buch über „Die Marken, ihre Männer und ihre Geschichte" zu schreiben. Fünfundzwanzig Jahre später war das Projekt abgeschlossen: vier Bände, in denen sich Landschaftsbeschreibungen, Historien-, Sitten- und Charakterschilderungen zu einem bunten Bild vereinen, vorgetragen in einem Wechsel von unterhaltsamem Plauderton und sachlicher Darstellung. Überall dort, wo der Atem der Geschichte nachwehte, wo Menschen Großes gestaltet haben, war sein Interesse geweckt. Liebevoll konnte er sich aber auch in die kleinen scheinbar unscheinbaren Details vertiefen. Den

Menschen begegnete er mit der Zurückhaltung eines vorurteilsfreien Beobachters, aber immer mit Wertschätzung, Empathie und manchmal auch mit ironischer Distanz. Sein feuilletonistischer Stil ist zeitlos, und seine Erzählungen wecken Leselust und man spürt den Wunsch, alle die Orte aufzusuchen, die er beschrieben hat. Mit den „Wanderungen" hat er dem Land, das man damals lästerlich als die „Streusandbüchse des Heiligen Römischen Reichs" bezeichnete, ein literarisches Denkmal gesetzt. Auch heute noch, nach mehr als 150 Jahren, werden sie gern gelesen.

Mittlerweile ist der viel zitierte märkische Sand, der einst großflächig ganze Landesteile bedeckte, mit endlosen Kiefernwäldern bewachsen, die über weite Strecken nur durch die blinkenden Spiegel glasklarer Seen unterbrochen werden. Gemeinsam mit dem Wechsel von Hochplateaus und feuchten Niederungen bilden sie den besonderen Reiz märkischer Landschaft.

Als sich Fontane am Ende des vierten Bandes von seinen Lesern verabschiedet hatte, schrieb ein Rezensent: „Auch uns ergreift eine Art von Abschiedsstimmung. Denn wir sind gerne mit Fontane gewandert an den Flüssen und Seen, durch die Heiden und Kiefernwälder, die seitab gelegenen Dörfer und Landstädtchen der Mark Brandenburg. Er war ein guter Geleitsmann, der Gegend kundig, einer, der mit den Leuten (...) in ihrer eigenen Sprache zu reden verstand."

Georg Jung

Wanderungen durch die Mark Brandenburg: Land zwischen Elbe und Oder

„Ob du reisen sollst, so fragst du, reisen in der Mark? Die Antwort auf diese Frage ist nicht eben leicht." Doch wie hätte sie der große märkische Wanderer mit „nein" beantworten können? Also „Ja" – aber unter Einschränkungen.

„Wer in die Mark reisen will", gab Fontane zu bedenken, „der muss zunächst Liebe zu ‚Land und Leuten' mitbringen, mindestens keine Voreingenommenheit." Ferner verlangte er vom Reisenden eine feinere Art von Natur- und Landschaftssinn. „Es gibt gröbliche Augen, die gleich einen Gletscher oder Meeressturm verlangen, um befriedigt zu sein. Diese mögen zu Hause bleiben", schrieb er im Vorwort zur zweiten Auflage des Ruppiner Bandes. Er müsse die Geschichte des Landes kennen und lieben, denn nur dann wird er die Dinge mit anderen Augen betrachten, der wird „Luch und Heide plötzlich in wunderbarer Beleuchtung sehen". Wer nach diesen Erwägungen die Reise trotzdem wage, der sollte es nicht bereuen: „Du wirst Entdeckungen machen", versprach der Dichter, „denn überall, wohin du kommst, wirst du, vom Touristenstandpunkt aus, eintreten wie in ‚jungfräuliches Land'. Du wirst Klosterruinen begegnen, von deren Existenz höchstens die nächste Stadt eine leise Kenntnis hatte: du wirst inmitten alter Dorfkirchen, deren zerbröckelter Schindelturm nur auf Elend deutete, große Wandbilder (...) finden: du wirst Schlachtfelder überschreiten, Wendenkirchhöfe, Heidengräber (...). Das Beste aber, dem du begegnen wirst, das werden die Menschen sein."

Theodor Fontane im Alter von etwa 55 Jahren. Sein Schaffen wird in diesem Lebensabschnitt durch die Arbeit an den „Wanderungen" sowie an den Bänden über den Deutsch-Französischen Krieg 1870/71 bestimmt.

9

Wer heute durch die Regionen Brandenburgs reist, wird unwillkürlich an Theodor Fontane denken. Mit seinen „Wanderungen durch die Mark Brandenburg" hat er das Land zwischen Elbe und Oder, das man in der Vergangenheit lästerlich als die „Streusandbüchse des Heiligen Römischen Reiches" bezeichnete, literarisch und touristisch erschlossen. Er hat nie bestritten, dass es Gegenden in der Mark gibt, die diesen spöttischen Beinamen rechtfertigen, und es lag ihm fern, sie „mit Gewalt aus einer bescheidenen Magd in eine seither verkannte Königin aufzuputzen". Doch wehrte er sich entschieden gegen Verallgemeinerungen. „Es ist mit der märkischen Natur wie mit manchen Frauen", erklärte er: „,Auch die hässlichste' – sagt das Sprichwort – ,hat immer noch sieben Schönheiten'. (...) Man muss sie nur zu finden verstehn." Fontane hatte den Blick für diese verborgenen Schönheiten. Er sah das Land mit den Augen des Poeten, und in seiner Liebe für das Detail verstand er es, dem scheinbar Unscheinbaren seine Reize abzugewinnen. Mit den „Wanderungen durch die Mark Brandenburg" hat er sein märkisches Testament geschrieben und darin manches gerettet, das es mittlerweile nicht mehr gibt oder das durch neue Bauten oder Umgestaltungen unkenntlich gemacht worden ist.

Seltsam, man liest sich immer noch an ihnen fest, auch nach weit über hundert Jahren. Selbst Fontane hätte sich das nicht träumen lassen. „Alles was ich geschrieben habe, auch die ‚Wanderungen' mit einbegriffen, wird sich nicht weit ins nächste Jahrhundert hineinretten", so schrieb er am 9. November 1889, knapp zehn Jahre vor seinem Tod, an seinen Verleger Wilhelm Hertz. Nur einigen seiner Gedichte traute er eine größere Lebenskraft zu. In dieser Sache erwies er sich als ein schlechter Prophet. Seine Romane sind bis heute viel gelesen, und die „Wanderungen" gehören immer noch mit zu den schönsten Landschaftsschilderungen, die je geschrieben wurden, vergleichbar mit den „Wanderjahren in Italien" von Ferdinand Gregorovius oder den „Reisebildern" Heinrich Heines. Und Generationen von Schülern haben seine Balladen, etwa „Die Brücke am Tay" oder das Gedicht des Herrn von Ribbeck für den Deutschunterricht auswendig gelernt und vor prüfenden Lehrerblicken rezitiert. Dass Lehrplan und schulischer Zwang daran mitgewirkt haben, hätte Fontane allerdings nicht gefallen.

Das große Interesse, das ihm heute entgegengebracht wird, begann mit einer allgemeinen Fontane-Renaissance, die vor etwa drei Jahrzehnten einsetzte und mittlerweile zu einer gleichbleibenden Aufmerksamkeit dem Werk des Dichters gegenüber geführt hat. Die feinsinnigen Schilderungen, die Lebendigkeit des Plaudertons, den er so vortrefflich beherrschte, die erzählerische Ruhe, dazu die Grazie seiner Sprache üben einen Reiz aus, der zeitlos ist und unabhängig von modischen Richtungen seine Wirkung nicht verfehlt.

Schon zu Fontanes Zeiten waren die „Wanderungen" eine vielbeachtete Lektüre. Bereits

1862, kurz nach Erscheinen des ersten Bandes, las man sie bei Hofe. In einem Brief an den Verleger Wilhelm Hertz bemerkte der Dichter dazu ironisch, man habe ihm die Nachricht zugespielt, dass die Königinwitwe in Charlottenburg sich allabendlich aus dem Buch vorlesen lässt und wenigstens nicht dabei einschläft. Fontanes Fähigkeit, mit Herz, Geist und Humor die Poesie des Alltäglichen zu erschließen und einen scheinbar spröden Stoff wie geschichtliche Inhalte anschaulich darzustellen, fand beim Publikum, aber auch in der Fachwelt große Anerkennung. „Ein so liebevolles Sichversenken in die Geschichte und Natur der nächsten Heimat" schrieb ein Kritiker 1861, „ein so feiner Natursinn, eine so lebhafte Darstellung müssen ansprechen."

Auch nichtliterarische Motive, touristische Aspekte etwa, die mit den politischen Veränderungen der jüngeren Vergangenheit in den Vordergrund gerückt sind, begründen die neuerliche Beliebtheit. Mit der Wiedervereinigung haben die Westdeutschen den Schauplatz der „Wanderungen" als Reiseland neu entdeckt und den Fontane zu einem wahren Vademecum gemacht. Bei den Ostdeutschen hingegen erklärt sich die besondere Wertschätzung daraus, dass die Mark Brandenburg schon seit langem populäres Erholungsgebiet der ehemaligen DDR war. Mit dem „Fontane" im Gepäck, zumindest aber im Gedächtnis, durchstreifen heute Zigtausende Touristen das Land zwischen Elbe und Oder, folgen den Spuren des Dichters

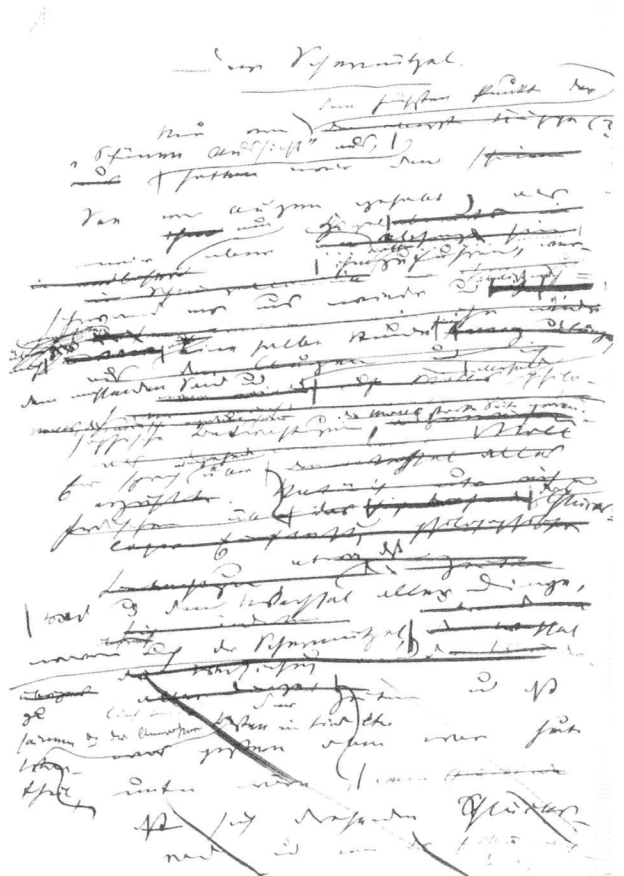

Fontane verwendete immer sehr viel Fleiß und Mühe auf die Überarbeitung seiner Textentwürfe. Was Wunder, dass manche seiner Manuskriptseiten den Anschein eines zurückgelassenen Schlachtfeldes erwecken. Das hier abgebildete Beispiel ist die erste Seite zum Beitrag „Scharmützelsee" aus dem vierten Band der „Wanderungen durch die Mark Brandenburg".

Eine von vielen: Kastanienallee im Ruppiner Land. Wer heute auf solchen Wegen in Brandenburg wandert, wird an Theodor Fontane denken und sich an seine Worte erinnern: „Wie oft bin ich dieses Weges gekommen. Um Pfingsten, wenn die Bäume weiß waren von Blüten (...).“ Mit seinen „Wanderungen durch die Mark Brandenburg“ hat er das Land literarisch erschlossen und den Weg für den märkischen Tourismus bereitet.

und seiner Art Neues zu entdecken. Man kommt hierher, um die Orte und Städte aufzusuchen, durch die der Atem preußischer Geschichte weht, besucht Schlösser und Herrenhäuser ebenso wie kleine Feldsteinkirchen, wo man Grabmale findet von Menschen, die die Geschicke des Landes beeinflusst haben. Man reist zu den ehemaligen Klöstern von Lehnin und Chorin, bestaunt die Architektur der Zisterzienser und träumt sich in die Vergangenheit zurück, als die ebenso frommen wie tatkräftigen Mönche den einst öden Landstrich erschlossen haben. Man kommt nach Bad Freienwalde, um sich – wie einst der Große Kurfürst von Brandenburg – von der mineralischen Kraft seiner Was-

ser Gesundung körperlicher Leiden zu erhoffen oder reist zur Erholung in die Seenlandschaft der Ruppiner- oder Märkischen Schweiz.

Der erste Wanderungsband, der die Grafschaft Ruppin zum Inhalt hat, erschien im November 1861 (mit der Jahreszahl 1862). Zwei Jahre später folgte „Das Oderland", während der Band über das Havelland – in der ersten Auflage noch mit dem Titel „Ost-Havelland" – 1872 (mit der Jahreszahl 1873) auf den Markt kam. Als sich Fontane am 14. November 1881 im vierten, dem Spreeland gewidmeten Band, der auf 1882 vordatiert wurde, mit einem Schlusswort von seinen Lesern vorerst verabschiedete, waren mehr als zwei Jahrzehnte vergangen, seit er die Arbeit

Im Kreuzgang des ehemaligen Zisterzienserklosters Chorin findet der Besucher einen Ort, der zu Ruhe und Kontemplation einlädt. Die ab 1273 errichtete Anlage ist eines der schönsten Zeugnisse der mittelalterlichen Backsteingotik in Brandenburg. Chorin war der bedeutendste Ableger des Zisterzienser-Mutterklosters Lehnin. Nach Fontanes Meinung hatte es zeitweise den Anschein, als ob die Tochter den Vorrang über die Mutter gewinnen würde.

an diesem Werk aufgenommen hatte. Berücksichtigt man den langjährigen Arbeitsprozess in Form zahlreicher Änderungen, Stoffergänzungen und Umgruppierungen der Inhalte für die nachfolgenden Neuauflagen und bezieht auch den Band „Fünf Schlösser" (1888) – eine historische Spezialarbeit, bei der nicht mehr gewandert wird – in das Ganze ein, kann man sagen, dass diese „Reisefeuilletons" das literarische Schaffen Fontanes bis zu seinem Lebensende mitbestimmt haben. Welch wichtige Rolle sie für ihn spielten geht auch daraus hervor, dass er sich nach Abschluss seines letzten Romans „Der Stechlin" noch kurz vor seinem Tode mit dem Gedanken trug, die „Wanderungen" mit einem Kapitel über das Ländchen Friesack und die Familie derer von Bredow abzurunden – ein Vorhaben, das er schon längere Zeit zuvor geplant, zwischenzeitlich aber wieder aufgegeben hatte.

Die „Wanderungen" seien das einzige gewesen, versicherte Fontane in einem Brief vom 15. Januar 1880 an Mathilde von Rohr, womit er im Leben Erfolg gehabt habe. „Bis zu diesem Zeitpunkt" – müsste man die Äußerung rückblickend ergänzen, denn seine große Romanperiode hatte gerade erst begonnen, und eine Effi Briest oder ein Dubslav von Stechlin existierten noch nicht. Erst mit dem erzählerischen Werk, so das Urteil der Literaturkritik, ist Fontanes schriftstellerisches Metier zur hohen Kunst emporgestiegen. Die „Wanderungen" gingen den Romanen voraus und begleiteten sie dann.

Sie waren die Brücke, über die der „Berichter-statter" zu seinem wirklichen Künstlertum gefunden hat. Mit diesen Reisefeuilletons über die Mark Brandenburg verfügte Fontane zudem über ein reiches Stoffreservoir, aus dem er für seine nachfolgenden epischen Werke schöpfen konnte. Denn ein großer Teil der späteren Romanwelt ist in den „Wanderungen" schon enthalten: Die Welt von Luch und Bruch, die märkische Sumpflandschaft mitsamt den übrigen Requisiten, die für das Gebiet charakteristisch sind. Seen und Wälder, karge, versandete Böden und Torfmoore gehören ebenso dazu wie die Dorfgemütlichkeit mit ihren Pfarrhäusern, Klöstern und adligen Gütern. Auch der Stechlin-

Im Herzen der Ruppiner Schweiz durchfließt der Binenbach ein großflächiges Laubwaldgebiet. Zusammen mit dem Kalksee, Tornowsee, Zermützelsee, Tetzensee, Molchowsee und dem Flüsschen Rhin bildet er eine langgestreckte, reizvolle Seenkette. Auch Fontane ist hier gewandert. „An diese Tage knüpfen sich die besten Kapitel meiner ‚Wanderungen', schrieb er an Alexander Gentz, der ihn bei dieser Unternehmung begleitet hatte.

In einem entlegenen Winkel des Ruppiner Landes liegt der Große Stechlinsee. Durch sein Romanwerk „Der Stechlin" hat ihn Fontane zum bekanntesten Gewässer Brandenburgs gemacht. Zu den Besonderheiten des Sees gehört auch eine endemische, also nur hier vorkommende Fischart, der man zu Ehren des Dichters den wissenschaftlichen Namen coreganus fontanae, „Fontane-Maräne", gegeben hat.

see und die Sage vom roten Hahn etwa, die sich später als Leitmotiv im Roman „Stechlin" wiederfinden soll, sind dort bereits ausführlich behandelt.

Die Absicht, ein Buch über die „Marken, ihre Männer und ihre Geschichte" zu schreiben entstand erstmals während eines dreieinhalbjährigen Aufenthalts in England. Gefühle von Heimweh und geistiger Vereinsamung, unter denen Fontane in der Fremde litt, waren die treibende Kraft, dass sich der zunächst nur flüchtige Gedanke zu einem innigen Wunsch verstärkte. „Wenn ich noch dazu komme, das Buch zu schreiben, so hab' ich nicht umsonst gelebt und kann meine Gebeine ruhig schlafen legen",

Bernhard von Lepel (1818–1885), ein langjähriger Freund Theodor Fontanes, war Berufsoffizier mit künstlerischen Neigungen fürs Zeichnen und Dichten. Ein Beleg ihrer engen Freundschaft ist der Briefwechsel, den beide pflegten. Im Sommer 1858 hatte er Fontane auf einer Reise durch Schottland begleitet, und bei dieser Gelegenheit fertigte er die nebenstehende Zeichnung eines alten Douglas-Schlosses im Loch Leven an.

notierte er am 19. August 1856 in seinem Londoner Tagebuch. Aus dem Wunsch reifte der Entschluss. Entscheidend dafür waren die Eindrücke einer Schottlandreise, die er zwei Jahre später vom 9. bis zum 24. August mit seinem Freund Bernhard von Lepel unternahm. Diese Reise – sie ist in „Jenseit des Tweed" ausführlich geschildert – war, wie Fontane drei Jahrzehnte später feststellte, eine der schönsten und poetischsten seines Lebens. Sie schenkte ihm die Erfüllung eines Jugendtraums. Das für seinen weiteren Werdegang bedeutendste Erlebnis war dabei der Besuch eines alten Douglas-Schlosses auf einer kleinen Insel mitten im Loch Leven. Auf der Rückfahrt mit dem Ruderboot tauchte aus der Tiefe seiner Erinnerung das Bild des Rheinsberger Schlosses auf: „Auch eine Wasserfläche war es; aber nicht Weidengestrüpp faßte das Ufer ein, sondern ein Park und ein Laubholzwald nahmen den See in ihren Arm. Im Flach-

Rheinsberg war Fontane seit seiner Kindheit bekannt, und die Erinnerungen an das vom Wasser umgebene Schloss hatten ihn später während seiner Schottlandreise dazu inspiriert, ein Buch über „die Marken, ihre Männer und ihre Geschichte", über die Schlösser und Seen seiner Heimat zu schreiben.

boot stießen wir ab, und sooft wir das Schilf am Ufer streiften, klang es, wie wenn eine Hand über knisternde Seide fährt. (...) Nun glitt das Boot durch Teichrosen hin, deren lange Stengel wir (so klar war das Wasser) aus dem Grunde des Sees aufsteigen sahen. (...) Endlich legten wir an, wo die Wassertreppe ans Ufer führt, und ein Schloß stieg auf mit Flügeln und Türmen, mit Hof und Treppe und mit einem Säulengange, der Balustraden und Marmorbilder trug. (...) So war das Bild des Rheinsberger Schlosses, das wie eine Fata Morgana, über den Leven-See hinzog." Und noch ehe sie wieder an Land gingen stellte sich Fontane die Frage: „So schön dies Bild war, das der Leven-See mit seiner Insel und seinem

Douglas-Schloß vor dir entrollte, war jener Tag minder schön, als du im Flachboot über den Rheinsberger See fuhrst, die Schöpfungen und die Erinnerungen einer großen Zeit um dich her?" Die Antwort war „nein", und es stand nun für ihn fest, die Mark Brandenburg mit ihren Schlössern und Seen beschreiben zu wollen.

In seine Heimat zurückgekehrt, unternahm Fontane knapp ein Jahr später die erste märkische Reise. Wiederum begleitete ihn dabei sein Freund Lepel. Die Tour führte sie ins Ruppiner Land, wo sie in den Luch- und Bruchdörfern umherzuwandern begannen, den Rhin und die Dosse hinauf und hinunter. Die Reise war der Beginn intensiver Reisetätigkeit, die Fontane im

Knapp ein Jahr nach seiner Schottlandreise unternahm Fontane seine erste märkische Wanderung, die ihn in die Umgebung seiner Heimatstadt Neuruppin führte. „Es war ein heißer Tag, und der blaue Himmel begann bereits kleine grau-weiße Wölkchen zu zeigen, die nur verschwanden, um an anderer Stelle wiederzukehren", so schrieb Fontane nach einem Ausflug in das Wustrauer Luch.

Laufe der nächsten zwanzig Jahre in sämtliche Gegenden rund um Berlin führen sollte. „Ich bin die Mark durchzogen und habe sie reicher gefunden, als ich zu hoffen gewagt hatte. Jeder Fußbreit Erde belebte sich und gab Gestalten heraus", so schildert er seine ersten Eindrücke.

Zunächst reiste er wie ein Tourist, ohne jeglichen wissenschaftlichen Anspruch und ohne ein klar umrissenes Konzept für das Gesamtwerk zu haben. Wie beim Dominospiel, bei dem man halb durch Absicht, halb durch Zufall Stein an Stein fügt, ohne zu wissen, welche Gestalt im Ganzen herauskommen wird, baute er Stück für Stück sein „Wanderungs-Werk" zusammen. Er sah sich als sorgloser Sammler, nicht wie einer, der mit der Sichel zur Ernte geht, sondern wie ein Spaziergänger, der einzelne Ähren aus dem reichen Felde zieht. Diese Wanderungen sollten weder als Geschichtsbuch noch als der „Baedeker von Mark Brandenburg" verstanden werden, vielmehr waren sie für den „einsamen Genuß hinterm Ofen" geschrieben. Entsprechend war Fontanes Arbeitsweise: „Ja, vorfahren vor dem Krug und über die Kirchhofsmauer klettern, ein Storchennest bewundern oder einen Hagebuttenstrauch, einen Grabstein lesen oder sich einen Spinnstubengrusel erzählen lassen (...)." Doch immer stand das Interesse an der Geschichte und den Personen, die sie maßgebend beeinflusst haben, im Vordergrund.

Nach jedem „Spaziergang" begann er sogleich mit der Ausbeute des gesammelten Materials und veröffentliche den größten Teil der Kapitel vorab als einzelne Reisefeuilletons in verschiedenen Zeitungen und Zeitschriften.

Das, was anfänglich eine Erholung zu sein schien, entpuppte sich schließlich als riesige Arbeit. „Schlösser, Kirchen, Kirchhöfe, Inschriften, Grabschriften, Bilder, Statuen, Parks, Grafen, Kutscher, Haushälterinnen (...) – alles das und hundert andres tanzt mir hurly burly im Kopf herum." Mit den Besichtigungen und Recherchen vor Ort ging die Beschaffung und Auswertung einer Fülle von Quellenmaterial einher: Akten und Urkunden mussten gesichtet werden, ebenso Memoiren, Briefe und Chroniken. Je weiter Fontane auf unbekanntes Terrain vordrang und vom Leser keine historischen Vorkenntnisse erwarten durfte, desto mehr wich er von seinem eigenen Stilgesetz ab. Der anfänglich lockere Plauderton machte einer sachlichen, gleichsam wissenschaftlichen Vortragsweise Platz. Dies betraf vor allem den zweiten Band, der das Oderland behandelt. Fontane erkannte bald die Gefahr dieses Vorgehens und fand in „Havelland" und „Spreeland" wieder zu seinem früheren Stil zurück. Trotzdem sind auch die beiden letzten Bände noch zur Genüge mit historischen Darstellungen angereichert.

Mit der Zeit entstand so ein buntes Mosaik aus Landschaftsbildern, Sitten- und Charakterschilderungen, gefüllt mit Genreszenen, mit Schnurren und Anekdoten. Auf der Suche nach bislang noch Unentdecktem blätterte Fontane in Kirchenbüchern und stieg in Grüfte hinab; er ließ sich Särge öffnen und inspizierte mumifizierte

Ruine des Klosters Lindow. Mit den Reiseaufsätzen der „Wanderungen" verfügte Fontane über ein reiches Stoffreservoir, aus dem er für seine nachfolgenden epischen Werke schöpfen konnte. In seiner späteren Romanwelt führt er den Leser immer wieder an Orte, die er bereits in seinen „Wanderungen" beschrieben hat, wie etwa das Kloster Lindow, das in dem Roman „Der Stechlin" als „Kloster Wutz" wiederkehrt.

Leichen wie etwa die von den beiden Hans Georg von Ribbeck, Vater und Sohn, die in der Kirche von Groß Glienicke in zwei Epitaphien dicht nebeneinander ruhen. Mit akribischem Eifer folgte er der feinsten Spur, sobald er ein verborgenes Detail witterte. Wo immer er den verwehten Klängen der Vergangenheit nachging, fand er bald eine Geschichte und dazu eine Vorgeschichte. Er durchstöberte die alten Schlösser der Zietens, Schwerins und Winterfeldts, der Köckeritz' und Itzenplitz' und besuchte die kleinen märkischen Städte, in denen sich menschliche Schicksale erfüllt hatten. Er sprach mit Pastoren und Küstern, Krügern, Kutschern und Fährleuten, und alle kamen sie zu Wort. Das

Berichtenswerte sah er nicht nur da, „wo Glockenklang und Kanonendonner ein Leben begleiteten"; liebevoll ging er auch manch aparter Erscheinung nach, die in keinem Geschichtsbuch stand. Besonders hilfreich für seine Arbeit erwiesen sich die Landpastoren, die alten Adelsfamilien sowie die Lehrer in Dorf und Stadt.

Eine große Sympathie aber empfand Fontane für jene, die als Bindeglied zwischen Land, Geschichte und Tradition wirkten: die alten märkischen Familien.

Es gibt kaum ein Kapitel in den „Wanderungen", das nicht den Namen eines Adelsgeschlechts in Erinnerung bringt. Alles Große hatte von Jugend an einen Zauber auf Fontane ausgeübt. „Es verlohnt sich doch eigentlich nur noch ‚von Familie' zu sein", schrieb er am 28. Mai 1860 an seine Mutter. „Zehn Generationen von 500 Schultzes und Lehmanns sind noch lange nicht so interessant wie drei Generationen eines einzigen Marwitz-Zweiges. Wer den Adel abschaffen wollte, schafft den letzten Rest von Poesie aus der Welt." Doch schon im ersten Band der „Wanderungen" registriert der Leser bei der Schilderung des einen oder anderen Sprösslings alter Adelsgeschlechter und Grundherren ein spürbares Maß an kritischer Distanz.

Sein gesteigertes Interesse an den adligen Familien, obwohl weniger politischer als ästhetischer und poetischer Natur, hat ihm oftmals harsche Kritik beschert. Man unterstellte ihm eine „servile Verbeugung" vor dem Adel und verdächtigte ihn als Sprachrohr der „Kreuzzeitung",

jenes reaktionären Organs der preußischen Jun-
kerpartei, für das er zeitweise gearbeitet hatte.
„Ich habe überall liebevoll geschildert, aber nirgends glorifiziert, nicht einmal meinen Liebling
Marwitz", rechtfertigte sich Fontane in einem
Brief vom 12. August 1882 an seine Frau und
fügte hinzu: „Ich habe sagen wollen und habe
wirklich gesagt: ‚Kinder, *so* schlimm, wie *ihr* es
macht, ist es nicht', und dazu war ich berech-
tigt; aber es ist Torheit, aus diesen Büchern
herauslesen zu wollen, ich hätte eine Schwärme-
rei für Mark und Märker. *So* dumm war ich
nicht."

Fontanes Beziehung zum märkischen Adel glich
einer unglücklichen Liebe, von der er sich mit
zunehmendem Alter mehr und mehr befreite.
Am Ende seiner „Wanderungs"-Arbeit ange-
langt, gestand Fontane in einem Brief an seinen
Verleger, wie sehr seine Gefühle gegenüber dem
märkischen Junkertum gemischt waren: „Die
Kerle sind unausstehlich und reizend zugleich."
Zum Schluss gelangte er gar zu der Einsicht,
dass vom Adel nichts mehr zu erwarten sei, dass
die Zukunft anderen Kräften gehört.

Aufgrund der Materialfülle, die er im Verlauf
der Arbeit an den „Wanderungen" angehäuft
hatte, stellte Fontane vorübergehend ein 20bän-
diges Werk in Aussicht. Dass er sich dennoch
mit dem vierten Band in seiner Wandertätigkeit
vom Leser verabschiedete – es mögen vorwie-
gend verlegerische Gründe dafür gesprochen
haben –, schadet dem Werk keineswegs. „Und
ein Band zuviel", erklärte er, „ist wie ein Tag

zuviel, der den guten Besuchseindruck wieder in Frage stellt."

Doch auch in der vorliegenden Fassung musste sich Fontane den Vorwurf der Weitschweifigkeit gefallen lassen. Seine Neigung, sich „mit den sogenannten Hauptsachen immer schnell abzufinden, um bei den Nebensächlichkeiten liebevoll, vielleicht zu liebevoll, verweilen zu können", war ihm wohl bewusst. Mag sein, dass darin die Ursache liegt, dass manche Kapitel den Eindruck „einer lokalgeschichtlichen Rumpelkammer" erwecken, wie der Schriftsteller und Literaturwissenschaftler Herbert Roch schreibt. „Doch manchmal schon auf der nächsten Seite", so fährt er fort, „gehen alle Fenster und Türen auf." Dann weht wieder ein zarter Hauch von Poesie herein, ein blühender Fliederstrauch verströmt seinen Duft, von irgendwoher leuchtet der Spiegelkristall eines Sees oder eine Nachtigall betört mit ihrem Gesang. Man lauscht dem Geplauder eines Kutschers, Kätners oder Fischers, und der Zauber des Natürlichen und Lebendigen ist wieder gegenwärtig.

Fontane rechtfertigte seine Weitschweifigkeit mit literarischen Vorzügen, die er darin sah. In einem Brief vom 8. August 1883 an seine Frau schrieb er: „Ich behandle das Kleine mit derselben Liebe wie das Große, weil ich den Unterschied zwischen klein und groß nicht recht gelten lasse; treff' ich aber wirklich mal auf Großes, so bin ich ganz kurz. Das Große spricht für sich selbst; es bedarf keiner künstlerischen Behandlung um zu wirken. (...) Herwegh schließt eins

Theodor Fontane in seinem Berliner Arbeitszimmer in der Potsdamer Straße 134c. Das Foto entstand 1894 an seinem 75. Geburtstag. Trotz der Ehrungen, die ihm an diesem Tag zuteil wurden, war seine Festtagsstimmung ein wenig getrübt, weil der märkische Adel, dem er mit seinen „Wanderungen" ein Denkmal gesetzt hatte, mit wenigen Ausnahmen nicht zu den Gratulanten gehörte.

seiner Sonette (An die Dichter) mit der Wendung: ‚Und wenn einmal ein Löwe vor Euch steht, sollt Ihr nicht das Insekt auf ihm besingen.' Gut. Ich bin danach Lausedichter, zum Teil sogar aus Passion; aber doch auch wegen Abwesenheit des Löwen."

Dieses feine Gespür für den Zauber der kleinen Dinge begleitete Fontane auf den Reisen durch die märkische Heimat. Er schilderte sie so, wie sie war, ohne Schönfärberei und ohne pathetisches Gefühl. Nirgends braust es von ungewöhnlichen Adjektiven, doch immer strahlt die „milde Wärme herzlicher Anteilnahme, die gütige Menschlichkeit, mit der er Dinge und Menschen umfasst und die selbst durch harten

Tadel und strenge Kritik hindurchleuchtet", wie die Literaturhistorikerin Jutta Fürstenau in ihrer Fontane-Monographie schrieb.

Fontane war nicht der Entdecker der märkischen Landschaft – die künstlerische Auseinandersetzung mit dieser Gegend war zu seiner Zeit nicht neu, und Veröffentlichungen von Reiseskizzen mit märkischen Zielen erfreuten sich bereits allgemeiner Beliebtheit. Besonders Willibald Alexis (1798–1871), ein zeitgenössischer märkischer Schriftsteller, der längere Zeit in Lehnin gelebt hat und in dem Fontane, was die Liebe zur Mark anging, eine verwandte Seele fand, hatte mit gefühlvollen Schilderungen seiner Heimat für Aufmerksamkeit gesorgt. Fontane ist also „keine vereinzelte Erscheinung, die kometenhaft am Himmel märkischer Dichter auftaucht", wie es bei Jutta Fürstenau heißt, aber von allen ist er die „reifste und schönste Frucht eines Baumes, der schon manche trug und auch weiterhin noch manche Ernte gesehen hat".

Luch und Bruch, Wälder und Seen: das Ruppiner Land

„„Es soll alles so romantisch sein und so melancholisch. Sand und Sumpf und im Wasser ein paar Binsen oder eine Birke, dran das Laub zittert. Ist Ihre Ruppiner Gegend auch so?' ‚Nein, Komtesse, wir haben viel Wald und See' (...)."

Der kurze Dialogausschnitt aus dem Roman „Der Stechlin" macht deutlich, wie wenig zutreffend die gängige Vorstellung von märkischer Landschaft als einer mit Reizen nur spärlich gesegneten Region ist. Charakteristisch für die Landesnatur der ehemaligen, bereits im Jahr 1524 an die Mark Brandenburg gefallenen Grafschaft Ruppin ist ihr Wasserreichtum. Natürlich findet man auch hier die typische, elegisch anmutende Luch- und Bruchlandschaft, über deren grünen Öden eine Stimmung liegt, die Fontane als „märkisch romantisch" bezeichnen würde. Sie bestimmt aber nur den südlichen Teil des Gebiets. Weiter nach Norden zu, wo die „Ruppiner Schweiz" beginnt, ändert sich das landschaftliche Ambiente: Dort bilden Flüsse und Seen, die perlschnurartig zu einer langen Kette zusammengeschlossen sind, im Wechsel von Mischwäldern, Tälern, Wiesen und Fluren einen angenehmen Gegensatz.

„Die Schweize werden immer kleiner", spöttelte Fontane, „und so gibt es nicht bloß mehr eine Märkische, sondern bereits auch eine Ruppiner Schweiz." Die Gepflogenheit, besonders reizvolle Gegenden als „Schweize" zu bezeichnen, ungeachtet der Tatsache, dass die Miniaturausgabe mitunter nur in dürftiger oder gar keiner Beziehung zum helvetischen Vorbild steht, war

Neuruppin „hat eine schöne Lage – See, Gärten und der sogenannte Wall schließen es ein", schrieb Fontane über seine Geburtsstadt. Unmittelbar hinter dem Seeufer erhebt sich weithin sichtbar die doppeltürmige Klosterkirche St. Trinitatis, das einzige bedeutende Bauwerk, das den verheerenden Stadtbrand im Jahre 1787 überstanden hat.

Anfang des 19. Jahrhunderts im Zuge der Nachwehen romantischer Schwärmereien in Mode gekommen. Das hatte derartige Blüten getrieben, dass Fontane schon den Tag kommen sah, „wo wir in unserer Mark, also in dem vielleicht unschweizerischsten Lande der Welt, wenigstens ebenso viele Schweize besitzen werden, wie das alte, etwas missbräuchlich behandelte Original Kantone umschließt." Im Falle der Ruppiner Schweiz war er aber gerne bereit einzugestehen, dass es ihr bei einem „freundlich-aufmerksamen Auge (...) weder an Schönheit noch an unterscheidenden Zügen" fehle.

Es ist kein Zufall, dass Fontane seine Wanderungen durch die Mark Brandenburg im Ruppiner

Land begonnen hatte, denn dieser Landesteil im nördlichen Brandenburg zwischen den Flüssen Dosse und Obere Havel, zwischen dem Rhinluch und den Mecklenburgischen Seen war seine ursprüngliche Heimat gewesen. In Neuruppin, dem ehemaligen Hauptort der alten Graf- beziehungsweise Herrschaft, wurde er geboren und verbrachte dort die ersten sieben Jahre seines Lebens, bis er mit seinen Eltern nach Swinemünde übersiedelte. Später kehrte er zum Besuch des Gymnasiums noch einmal für anderthalb Jahre nach Neuruppin zurück.

Das Aussehen Neuruppins, wie Fontane es im ersten Band seiner „Wanderungen" beschrieben hat, ist im Kern bis heute erhalten geblieben.

Morgenstimmung am Ruppiner See. Die aufsteigende Sonne zerreißt den zarten Nebelschleier, der sich über dem Wasser gebildet hat. Noch stört nichts die Ruhe. In wenigen Stunden werden die Ausflugsschiffe ihren Betrieb aufnehmen und Passagiere in gemächlicher Fahrt zur Seenkette der Ruppiner Schweiz bringen.

Nach dem großen Brand von 1787, bei dem zwei Drittel der mittelalterlichen Bausubstanz zerstört wurden, entstand nach den Plänen von Bernhard Matthias Brasch eine frühklassizistische Stadtanlage mit großzügiger Raumgliederung, rechtwinklig aufeinander zulaufenden Straßen und drei großen Plätzen, von denen einer dem Militär als Exerzierplatz diente.

Es gibt eine kleine Uferpromenade, ganz unprätentiös, aber durch die doppeltürmige Klosterkirche St. Trinitatis, die sich dahinter erhebt, optisch aufgewertet. Diese Kirche – sie war, wie die umliegenden Häuser, von dem großen Brand verschont geblieben – ist ein im gotischen Stil errichteter Backsteinbau aus dem 13. Jahrhundert und gehörte zur Niederlassung der hiesigen Dominikaner.

Von allen Bauwerken im Zentrum der Stadt fällt das alte Gymnasium wegen seiner repräsentativen Dimensionen besonders ins Auge. Es ist ein zweigeschossiger Putzbau mit 25 Achsen und vertritt in seiner Architektur die geistige Richtung zwischen Humanismus und Aufklärung. Durch das Portal, über dem die lateinische Inschrift „Civibus aevi futuri" (den Bürgern des künftigen Zeitalters) in Antiqua-Schrift prangt, sind in der Vergangenheit unzählige Schülergenerationen geschritten. Auch Fontane war für kurze Zeit hier unter den Pennälern, doch seine Erinnerungen an diese Zeit gehören nicht zu den angenehmsten. Denn in diesem Hause herrschte damals ein autoritärer Schuldirektor namens Friedrich Thormeyer, ein „Schulmo-

Das ehemalige Gymnasium von Neuruppin dominiert wegen seiner enormen Ausmaße das zentrale Stadtbild. Durch das Portal, über dem die lateinische Inschrift „Civibus aevi futuri" [Den Bürgern des künftigen Zeitalters] leuchtet, schritt auch Fontane – allerdings nur wenige Monate, bis er auf die Klöden'sche Gewerbeschule in Berlin wechselte.

narch, wie er im Buche steht (...), eine Kolossalfigur mit Löwenkopf und Löwenstimme", der das Fürchten ebenso gut zu lehren verstand wie lateinische Vokabeln, und der sich auch schon mal an einem Lehrerkollegen „vergriffen" hatte, wie Fontane in seinem autobiographischen Roman „Meine Kinderjahre" erwähnte.

Nicht weit vom alten Gymnasium entfernt steht Fontanes Geburtshaus, in dem sich heute noch die historische Löwen-Apotheke befindet. Das zweistöckige Gebäude, dessen Fassade mit einem Laubfries unter dem Traufgesims geschmückt ist, erhielt 1867 im Rahmen baulicher Veränderungen sein jetziges Aussehen. Die heutige Apotheke ist modern eingerichtet, einige Teile des alten Inventars, wie etwa ein Apothekenschrank mit pharmazeutischen Gefäßen, haben im Fontane-Raum des Heimatmuseums Platz gefunden. Dort ist auch die große Standuhr aus Fontanes Arbeitszimmer zu besichtigen, die neben Bildern, Dokumenten

Eine Adresse der Welt-
literatur: In dem Gebäude
der seit 1698 privilegierten
Löwen-Apotheke von
Neuruppin wurde am
30. Dezember 1819 Theodor
Fontane als Sohn des
Apothekers Louis Henri
Fontane und seiner Frau
Emilie, geb. Labry geboren.
Neun Monate zuvor hatten
die Eltern die Apotheke
erworben und waren von
Berlin nach Neuruppin
übersiedelt.

und zeitgenössischen Möbeln zu den wichtigsten Erinnerungsstücken des Dichters gehört.
Obwohl Fontane in Swinemünde die glückli-
chere Zeit seiner Kindheit erlebte, verdankte er
dem Ruppiner Schauplatz die für sein späteres
dichterisches Schaffen nachhaltigeren Eindrücke. Die Stadt ebenso wie ihr Umland sind eng
verknüpft mit preußischer Tradition, die in Fontanes Werk einen breiten Motivbereich bilden.
Knapp eine halbe Stunde Autofahrt südlich von
Neuruppin, bereits zum Havelland gehörend,
liegt Fehrbellin, ein Ort, der nach Säbelrasseln
und Trompetengeschmetter klingt. In seiner
Nähe, bei Hakenberg, fand die Schlacht statt, in
der 1675 das schwedische Invasionsheer durch
die Truppen des Großen Kurfürsten Friedrich
Wilhelm (geb. 1620, Regierungszeit 1640–1688)
geschlagen wurde. Eine Siegessäule aus Backstein erinnert heute an das für den preußischen

Das Heimatmuseum in Neuruppin verwahrt in seiner Sammlung zahlreiche Ausstellungstücke, die mit Fontane in Verbindung stehen. Aus dem Nachlass des Dichters existieren noch ein alter Apothekenschrank mit Gefäßen sowie die Standuhr aus Fontanes Arbeitszimmer.

Staat so wichtige Ereignis. Wegen der hübschen Aussicht lohnt es sich, die 114 Stufen des Turms emporzusteigen. Beim friedlichen Blick über das einstige Schlachtfeld sowie die von Alleen und auch Waldparzellen gegliederte Luch-Landschaft mögen dem, der sich an Fontanes Havelland-Gedicht erinnert, die Zeilen in den Ohren klingen: „Derfflinger greift an, die Schweden fliehn. Grüß Gott die Tage von Fehrbellin."

Auch in Neuruppin sind Erinnerungen an preußische Geschichte lebendig. Kronprinz Friedrich, der Enkel des Großen Kurfürsten und spätere Friedrich II. hatte 1732 seinen Wohnsitz in diese Stadt verlegt, wo das eigens für ihn zusammengestellte „Regiment Kronprinz" seinem Kommando unterstellt war. Neben den dienstlichen Pflichten widmete er sich aber auch Aufgaben, die die Verschönerung des Stadtbilds zum Ziel hatten. So verdankt ihm Neuruppin die Erhaltung der mittelalterlichen Wallanlagen vor der alten Stadtmauer mit dem hübschen Promenadenweg.

Blühender Raps, so weit das Auge reicht. Er gedeiht auf einst blutgetränkter Erde, denn hier in der Nähe der Ortschaft Hakenberg fand 1675 die Schlacht statt, in der die „braven Brandenburger", wie es in einer Denkmalinschrift heißt, unter Friedrich Wilhelm das schwedische Invasionsheer bezwangen. Der Sieg bescherte ihm den Beinamen „Großer Kurfürst" und legte den Grundstein für Preußens Größe.

Auch der Amalthea- oder Tempelgarten, der damals von Georg Wenzeslaus von Knobelsdorff (1699–1753) angelegt wurde, erinnert heute an die Kronprinzenzeit. Friedrich blieb vier Jahre in Neuruppin. Dann siedelte er in das Schloss von Rheinsberg über, wo die „glänzenden und vielgefeierten Rheinsberger Tage" begannen.

Die Ahnentafel preußischer Helden nennt Namen, deren Träger schon zu Lebzeiten von der Aura des Legendären umhüllt waren. Zu ihnen gehört Hans Joachim von Zieten (1699–1786), der in Wustrau, einem alten Rittergut am Südende des Ruppiner Sees, seinen Familiensitz hatte. Als Reitergeneral Friedrichs II. focht er sich an der Seite seines Königs durch die

Schlesischen Kriege. In einem Gedicht, das Fontane 1846 im Rahmen des Liederzyklus „Männer und Helden" schrieb, heißt es:

Sie kamen nie alleine,
Der Zieten und der Fritz,
Der Donner war der eine,
Der andre war der Blitz.

Der „Ahnherr aller Husaren" wie man Zieten nannte, war Fontane seit seiner Kindheit vertraut. In der väterlichen Wohnung hing ein Kupferstich, der den General zusammen mit Friedrich dem Großen zeigt: „Wie oft habe ich vor diesem Bilde gestanden und dem alten Zieten

Der Amalthea- oder Tempelgarten in Neuruppin erinnert an Kronprinz Friedrich, den späteren König Friedrich II., der 1732 nach Neuruppin übersiedelte. Mittelpunkt dieses für Friedrich geschaffenen und von einer Mauer im maurischen Stil umgebenen Gartens ist ein Apollotempel, den Georg Wenzeslaus von Knobelsdorff entworfen hat.

Das 1750 errichtete Herrenhaus in Wustrau erinnert an den fast schon legendären Husarengeneral Hans Joachim von Zieten, der hier geboren wurde. Fontane hatte das herrschaftliche Anwesen im Sommer 1859 aufgesucht und „Wustrau" zum ersten Kapitel seiner „Wanderungen" gemacht. Heute wird das Gebäude von der „Deutschen Richterakademie" als Tagungsort genutzt.

unter seiner Husarenmütze ins Auge gesehen, vielleicht meinen Lieblingshelden in ihm vorausahnend."

Die Sympathie, die Fontane für den alten Husarengeneral hegte, konnte er dessen Sohn Friedrich Christian Emil von Zieten, dem letzten Zieten aus der Wustrauer Linie, nicht entgegenbringen. Dieser wird beschrieben als eine wenig erfreuliche Erscheinung, kleinlich, geizig und unschön in jeder Beziehung, als „unfähig, zu dem Ruhme seines Hauses auch nur ein Kleinstes hinzuzufügen". Er starb 1854, achtundsechzig Jahre nach seinem Vater. Schon zehn oder zwölf Jahre vor seinem Tod hatte er damit begonnen, die eigene Grabstätte zu bauen – ein Hünengrab, wie Fontane spöttelnd bemerkte. Als Friedrich Wilhelm IV. 1844 Wustrau einen Besuch abstattete, zeigte ihm der Graf das gerade fertig gewordene Grab. Der König wies auf eine Stelle des Riesenfeldsteins und bemerkte: „der Stein hat einen Fehler", worauf

Zieten erwiderte: „Der darunter liegen wird, hat noch mehr." Diese Antwort war für Fontane so ziemlich das „Beste, was vom letzten Wustrauer Zieten auf die Nachwelt gekommen ist".

Bei einer solchen Präsenz preußischer Überlieferungen erstaunt es kaum, dass Fontanes Wanderungsband über das Ruppiner Land ein ziemlich preußisch gefärbtes Buch wurde, zumindest im ersten Anlauf. Doch schon in den nachfolgenden Auflagen korrigierte Fontane die Gewichtung des Stoffs zugunsten anderer Persönlichkeiten, Menschen, die dem bürgerlichen und künstlerischen Leben Neuruppins angehörten.

Zu ihnen gehörte Karl Friedrich Schinkel (1781–1841), der zu Fontanes Zeit jedoch weniger populär war als der Husarengeneral Zieten. Der berühmte Baumeister des deutschen Klassizismus wurde 38 Jahre vor Fontane in Neuruppin geboren und wuchs, nachdem die Eltern ihr Hab und Gut durch den großen Stadtbrand verloren hatten und der Vater wenig später verstorben war, im Predigerwitwenhaus in der Fischbänkenstraße auf. Eine Gedenktafel erinnert dort an ihn. Fontane hielt ihn für den bedeutendsten Mann, den Ruppin, Stadt wie Grafschaft, hervorgebracht hat, noch bedeutender als den „alten Zieten". Legt man den Einfluss, den ein Mensch mit seinem Leben für die Gesellschaft geleistet hat, und nicht dessen Popularität als Maßstab für eine Beurteilung zugrunde, so „kann der ‚Vater unserer Husaren' neben dem ‚Schöpfer unsrer Baukunst' nicht bestehen. Wäre Zieten nie geboren worden, so besäßen wir (...) eine volks-

Mit einem im Jahre 1883 am Kirchplatz errichteten Denkmal ehren die Neuruppiner ihren zweiten großen Sohn der Stadt: Karl Friedrich Schinkel. Fontane hielt ihn für den bedeutendsten Mann, den Ruppin, Stadt wie Grafschaft, hervorgebracht hat – noch bedeutender als den „alten Zieten".

Das von Max Wiese geschaffene und 1907 in Neuruppin am westlichen Stadtzugang eingeweihte Fontane-Denkmal stellt den Dichter als den großen Wanderer der Mark Brandenburg dar mit Hut und Wanderstock, mit Notizbuch und Schreibstift. Als Modell diente dem Bildhauer Fontanes Sohn Friedrich.

tümliche Figur weniger, wäre Schinkel nie geboren, so gebräch es unsrer immerhin eigenartigen künstlerischen Entwicklung an ihrem wesentlichsten Moment", urteilte Fontane.

Beide großen Söhne Neuruppins, Fontane und Schinkel, haben an markanten Plätzen der Stadt ein Denkmal bekommen. Der Entscheidung für die Würdigung waren allerdings gewisse Unstimmigkeiten vorausgegangen. Im Falle Schinkels wurde erst 25 Jahre nach seinem Tode erstmals Anlauf genommen, ihm mit einer Statue Ehre zu erweisen. Dabei scheint man sich uneins darüber gewesen zu sein, wo das Monument zu stehen habe. In einem Brief vom 7. Januar 1866 an seine Mutter schrieb Fontane,

„daß das Aufstellen einer Schinkelstatue unter allen Umständen sein sehr mißliches hat. Vor dem Gymnasium passt nicht; erstens hat er auf dem Ruppiner Gymnasium nichts gelernt (…), drittens sind so ziemlich alle Schinkelstatuen an und für sich unschön". Der Plan zerschlug sich damals, erst am 28. Oktober 1883 wurde ein vom Bildhauer Max Wiese geschaffenes Bronzestandbild Schinkels am Kirchplatz enthüllt. Es stellt den Baumeister mit einer Zeichnung des Berliner Schauspielhauses in der Hand dar.

Auch mit der Entscheidung für das Fontane-Denkmal hatten sich die Honoratioren der Stadt zunächst schwer getan, doch letztendlich wurde dem Dichter die Ehrung doch schon neun Jahre nach seinem Tode zuteil. 1907 fand die feierliche Einweihung des Denkmals statt, das ebenfalls nach Entwürfen von Max Wiese geschaffen worden war. Es steht am südlichen Stadteingang in einem kleinen Park, beschattet von kräftigen Kastanienbäumen, und zeigt den großen „Wanderer" auf einer Marmorbank mit Notizblock und Schreibstift, mit Hut und Wanderstock.

Es gab in Neuruppin noch einige andere Berühmtheiten und manch aparte Erscheinung, deren Andenken weder in Marmor gemeißelt noch in Bronze gegossen wurde, denen Fontane aber in seinen „Wanderungen" ein viel schöneres, weil literarisches Denkmal gesetzt hat. Da ist zum Beispiel der antidogmatische lutherische Theologe Andreas Fromm (um 1650–1685), ein gelehrter Mann, der an den theologischen Streitigkeiten der Paul-Gerhardt-Zeit beteiligt war. Er hatte sich für eine Versöhnung der lutherischen und calvinistischen Lehre eingesetzt, und als ihm das nicht gelang, konvertierte er zum katholischen Glauben. Das Lebensbild, das Fontane von ihm gezeichnet hat, liest sich wie ein Selbstbekenntnis: „Es gebrach ihm an dogmatischer Strenge (...), aber er hatte die schönsten Seiten des Christentums: die Liebe und die Freiheit."

Bewunderung spricht auch aus der Schilderung des Johann Christian Gentz (1794–1867). Der Sohn eines kleinen Tuchmachers hatte es mit dem Abbau von Torf zu einem bedeutenden kaufmännischen Unternehmen gebracht. Sein älterer Sohn Wilhelm (1822–1890), mit dem Fontane befreundet war, wurde ein vielbeachteter Orientmaler. Einige seiner Werke schmücken heute das Vestibül des Landratsamts. Die Bilder wurden hier 1925 in die Wände eingelassen, nachdem sie zuvor bei Abbruch des Gebäudes aus dem Gentzschen Hause in der Friedrich-Wilhelm-Straße (heute Karl-Marx-Straße) entfernt worden waren.

Ein Neuruppiner Bürger von ganz anderem Schlag, jedoch charakteristisch für die preußische Kleinstadt, wird mit der Person Michel Protzen vorgeführt. Er war Gastwirt und verkörperte einen Typ, der Fontane reichlich Stoff und Gelegenheit bot, sich wenig Schmeichelhaftes über das märkische Bürgertum von der Seele zu reden und kritische Betrachtungen über das gesellschaftliche Umfeld seiner Heimatstadt mit einfließen zu lassen. „Michel hieß er und Michel war er, der *deutsche Michel* in optima forma" [in reinster Ausprägung], so charakterisierte er seinen „Helden". Fontanes Schwester Elise, die dem 19 Jahre älteren Bruder bei der Informationssammlung eine wertvolle Hilfe war, hatte zuvor Bedenken geäußert, diesen Stoff zu behandeln, worauf er ihr entgegnete: „Du meinst, er wäre, so dick er war, doch nur ein magrer Stoff. Kann sein. Ich lasse mich dadurch nicht abschrecken. Oft sind die besten Kapitel aus magrem Stoff hervorgegangen. Zudem brauche ich Abwechslung, und die bietet er mir."

Fontane irrte sich nicht. „Michel Protzen" wurde eines seiner besten Kapitel. Das Gebäude von Protzens Gaststätte besteht noch immer und zwar an der Ecke Karl-Marx-Straße/Friedrich-Ebert-Straße. Heute wird hier allerdings kein Bier mehr ausgeschenkt. In dem klassizistischen Bau wohnen jetzt Senioren und Pflegebedürftige und bekommen dort die ihren gesundheitlichen Problemen entsprechende Fürsorge.

Zur Zeit Fontanes Kindheit blühte in Neuruppin eine Kuriosität, und zwar in buntesten Farben: die „Ruppiner Bilderbogen", die der Drucker und Verleger Gustav Kühn herausgab. Diese kolorierten Einblattdrucke waren die Vorläufer der modernen Illustrierten. Mit dem Impressumsvermerk „Bei Gustav Kühn in Neuruppin" flatterten sie um die ganze Welt und berichteten in Wort und Bild über die aktuellen Ereignisse. „Lange bevor die erste ‚Illustrierte Zeitung' in die Welt ging, illustrierte der Kühnsche Bilderbogen die Tagesgeschichte, und was die Hauptsa-

Barrikadenkampf während der März-Revolution 1848 in Berlin, illustriert auf einem „Neuruppiner Bilderbogen". Die kolorierten Blätter aus der Werkstatt von Gustav Kühn berichteten nicht nur über lokale Angelegenheiten, sondern auch über Ereignisse aus der weiten Welt. Sie waren die Vorläufer der großen Illustrierten.

che war, diese Illustration hinkte nicht langsam nach, sondern folgte den Ereignissen auf dem Fuße", schrieb Fontane später respektvoll. Der Brand des Kaiserpalastes in Peking, die Schlacht bei Puebla in Mexico, die Erstürmung von Delhi – ganz gleich, was immer in der weiten Welt geschah, Kühns Bilderbogen ließen diese Ereignisse in der kleinen Welt zu Hause miterleben. Künstlerisch anspruchslos, aber den Geschmack des großen Publikums treffend, verstanden sie Schaulust und Informationsbedürfnis zu befriedigen. Als Knabe war auch Fontane von diesen Blättern, die man als eine Art Vorläufer der heutigen Comicstrips bezeichnen möchte, fasziniert und hat darin Nahrung für die Phantasie gefunden. Stellten die Bilderbogen anfänglich noch Volkskunst im besten Sinne dar, fiel ihr Niveau zwischen 1860 und 1890 deutlich ab, und Fontane sprach davon, dass sie „den Geschmack mehr verwildern als bilden".

In mehr als hundert Jahren wurden etwa 22 000 verschiedene Bilderbogenmotive mit einer Gesamtauflage von mehren Millionen gedruckt. Eine beträchtliche Sammlung von Bilderbogen der Firma Kühn und ihrer Nachfolger besitzt heute das Neuruppiner Heimatmuseum.

Wie ein reich bebilderter Bogen mit rascher Szenenfolge mutet auch das landschaftliche Umfeld Neuruppins an. Zu Recht verdient die Stadt die Bezeichnung „Tor zur Ruppiner Schweiz". Nach Norden zu schließen sich dem Ruppiner See weitere Wasserflächen an. Vom Rhin durchflossen, bilden sie eine Wasserstraße, die bis nach Rheinsberg und zu dessen Seenplatte reicht.

Besonders reizvoll ist die Route nach Rheinsberg, die auf Waldwegen entlang der Ufer des Molchow-, Tietzen- und Zermützelsees mitten durch das Herz der Ruppiner Schweiz führt. Auch Fontane ist an diesen Gewässern mit ihren lauschigen Uferplätzchen gewandert. An Alexander Gentz, den jüngeren Bruder des Malers Wilhelm Gentz, der ihn bei dieser Unternehmung begleitet hatte, schrieb er später, wie unvergesslich schön diese Fahrt gewesen sei und dass sich an diese Tage die besten Kapitel seiner „Wanderungen" anknüpften.

Über die Schleuse Alt Ruppin gelangt man zunächst nach Molchow. Das hübsche Dorf mit dem gleichnamigen See liegt eingesponnen von Gärten und Laub abseits des schnellen Straßenverkehrs. In seiner Mitte öffnet sich ein grasiger, von Linden, Eichen und Ahorn gesäumter Platz. Dort

Blick durch die Säulengalerie an der Seeseite des Rheinsberger Schlosses. Wasser, Wald und eine Fülle reizender Fernsichten bestimmen das Bild. Eine Idylle, bestens dafür geschaffen, sich den schönen Dingen dieser Welt zuzuwenden. So sah es auch Kronprinz Friedrich, der 1736 hier einzog und sich fortan ungestört seinen musischen Neigungen widmete.

steht ein Turm, „unheimlich und grotesk, als hab ihn ein Schilderhaus mit einer alten Windmühle gezeugt", wie Fontane schrieb. Er wurde 1692 errichtet und trägt eine Glocke, deren Herkunft unbekannt ist und von der man lediglich weiß, dass sie 70 Jahre zuvor gegossen worden war.

Im weiteren Verlauf der Route folgt der Weg dem Zermützelsee und überquert bei Fristow den Fluss Rhin. Über Schwanow und Zechow erreicht man schließlich Rheinsberg.

Rheinsberg war Fontane seit seiner Kindheit bekannt, und die Erinnerungen an das vom Wasser umgebene Schloss hatten ihn später während seiner Schottlandreise dazu inspiriert, die Mark Brandenburg zu bereisen und zu beschreiben.

Rheinsberg – das ist vor allem ein zauberhaftes Schloss, zugleich ein Stück preußische Geschichte und Kulisse einer der reizendsten Liebesepisoden der deutschen Literatur. Als Fontane im Zuge seiner „Wanderungs-Arbeit" nach Rheinsberg kam, waren er und sein knurrender Magen allerdings entschieden der Ansicht, „dass das Rheinsberger Schloß all seines Zaubers unerachtet doch am Ende kein Zauberschloß sein werde, das jeden Augenblick verschwinden könne". So beschloss der Dichter, vor der Besichtigung als erstes den Ratskeller aufzusuchen, um bei einem gediegenen Frühstück zu prüfen, ob dieser seinem Namen Ehre mache oder nicht. Er tat es. Auch heute noch gibt es diesen Ratskeller; im alten Stil restauriert, erweist er jetzt Fontane die Ehre und bietet dessen Leibgericht an: Alt-Brandenburger Schmorbraten in Ingwersoße, dazu Apfelrotkohl und Kartoffelklöße.

Viele denken beim Namen Rheinsberg zuerst an Tucholskys „Bilderbuch für Verliebte", das mit liebenswürdigem Charme die erotische Geschichte der Wochenendfahrt zweier Großstadtmenschen – Claire und Wolfgang – erzählt. Man könnte sich gewiss keinen verlockenderen Schauplatz für eine Romanze denken als dieses von Wasser, Wald und der Fülle reizender Fernsichten umgebene Schloss. Mit dem angrenzenden Park liegt es in einem Uferwinkel des Grienericksees wie ein kleines Sanssouci.

Seine eigentliche Bestimmung aber war eine andere gewesen: Im Jahre 1734 hatte der Soldatenkönig Friedrich Wilhelm I. die Herrschaft

Rheinsberg, ursprünglich ein Besitz derer von Bredow, gekauft und seinem ältesten Sohn Friedrich zum Geschenk gemacht. Dem Kronprinzen und seiner Gemahlin Elisabeth Christine von Braunschweig sollte damit eine angemessene Hofhaltung ermöglicht werden. Das vorhandene Schloss – es war aus den Resten einer frühmittelalterlichen Wasserburg hervorgegangen – wurde unter Beteiligung der Baumeister Johann Gottfried Kemmeter und Georg Wenzeslaus von Knobelsdorff umgebaut. Im August 1736 waren die Arbeiten beendet, so dass der Umzug des Kronprinzen aus Neuruppin stattfinden konnte.

Den düsteren Tagen von Küstrin, wo nach einem gescheiterten Fluchtversuch noch das strafende Schwert des cholerischen Vaters über seinem Haupte schwebte, und dem weniger dramatisch verlaufenden Neuruppiner Intermezzo folgten nun die „lachenden Tage von Rheinsberg". Inmitten der Wald- und Seenlandschaft schuf sich Friedrich eine kleine, seinen musischen Neigungen entsprechende Idylle, in der er sich fern von seinem strengen und amusischen Vater ungestört der Literatur, Poesie, Musik und Wissenschaft widmen konnte. Er las philosophische Schriften und begann den Briefwechsel mit Voltaire. Umgeben von kultivierter Geselligkeit verbrachte er die unbeschwerteste Zeit seines Lebens. „Ich bin glücklich, diese Stätte zu besitzen, wo man nur Ruhe kennt, die Blumen des Lebens pflückt und die kurze Zeit genießt, die uns auf Erden geschenkt ist", soll er geäußert haben.

Der Tornowsee ist ein glitzerndes Juwel im Herzen der Ruppiner Schweiz. Umschlossen wird er von bewaldeten, bis zu 85 Meter hohen Endmoränenhügeln der letzten Eiszeit. Stattliche Buchen säumen seine Ufer, ihre Zweige neigen sich tief nach unten und berühren mit ihren Spitzen die Wasseroberfläche. Wer dem „Fontane-Wanderweg" folgt und den See umrundet, erfährt den besonderen Reiz dieser Landschaft.

Doch die schönen Tage von Rheinsberg gingen bald vorüber. 1740 starb Friedrich Wilhelm I., und der 28jährige Kronprinz musste nun von dem heiteren Leben im Ruppiner Land Abschied nehmen, um das Erbe auf den Thron seines Vaters anzutreten. Den Besitz Rheinsberg übernahm nun sein Bruder Heinrich, der ihn ein halbes Jahrhundert lang bewohnen sollte. Heute gehört das barocke Schloss, nachdem es in jüngerer Vergangenheit jahrelang als Sanatorium genutzt wurde, zur „Stiftung Preußische Schlösser und Parks" und steht Besuchern als Museum und Kurt-Tucholsky-Gedächtnisstätte offen.

Nordöstlich von Rheinsberg, in einem abgeschiedenen Winkel des Ruppiner Landes, liegt der Große Stechlinsee. Still und geheimnisvoll leuchtet er durch das Geäst alter Buchen, deren Zweige, von ihrem eigenen Gewicht nach unten gezogen, tief herabhängen und mit ihren Spitzen die Wasserfläche berühren. Eine Idylle, ein Bild des Friedens. Doch von Zeit zu Zeit, und das nicht nur während des sommerlichen Erholungsbetriebs, soll es hier recht unruhig zugehen. Glaubt man einer alten Überlieferung, dann reagiert der See auf tektonische Unruhen, die irgendwo in der Welt stattfinden, auf seltsame Weise. Wenn etwa auf Island oder Java ein Vulkan ausbricht oder irgendeine entfernte Region von einem Erdbeben erschüttert wird, dann regt es sich auch hier und ein Wasserstrahl springt auf und sinkt wieder in die Tiefe. Wenn das Ereignis draußen in der Welt besonders heftig ist, dann brodelt es hier nicht nur, dann steigt statt des Wasserstrahls ein roter Hahn aus den Fluten und schlägt mit seinen Flügeln auf das Wasser, bis der See zu schäumen und gischten beginnt. So die Sage. In Fontanes letztem großen Romanwerk „Der Stechlin" wurde der See schließlich zum Symbol für alle Veränderungen in der großen Welt draußen und deren Auswirkungen auf diese stille Ecke der Mark Brandenburg.

Wie oft mag wohl der See in der Vergangenheit gebrodelt haben, um auf die tiefgreifenden Wandlungen durch politische und gesellschaftliche Prozesse oder auf die massiven Eingriffe in die Ordnung der Natur aufmerksam zu machen? Vielleicht hat ja der Zorn des roten Hahns Wirkung gezeigt, denn das unweit des Stechlinsees im angrenzenden Waldgebiet liegende Kernkraftwerk wurde 1991 stillgelegt. In der Ortschaft Neuglobsow mag man im Garten des Fontanehauses unter der Linde, wo damals der Dichter gesessen hat, darüber nachsinnen.

Auch für den nüchtern, rational veranlagten Betrachter hat der Große Stechlin etwas Besonderes zu bieten: Der buchtenreiche, durch zwei eiszeitliche Schmelzwasserströme geschaffene See ist mit maximal 70 Metern das tiefste und zugleich letzte nährstoffarme Gewässer Brandenburgs.

Eine geheimnisvolle Stille liegt über dem Wasser des Großen Stechlinsees. Nur trügerischer Schein? Einer alten märkischen Sage zufolge soll der See nämlich sehr launisch sein und auf die großen Veränderungen draußen in der Welt temperamentvoll reagieren, manchmal sogar mit dem Aufsteigen eines Unheil verkündenden „roten Hahns".

Bauernklopse, Krautwickel und Natur pur:
Oderland und Märkische Schweiz

„Freienwalde – hübsches Wort für hübschen Ort. (...) Wie oft bin ich dieses Weges gekommen. Um Pfingsten, wenn die Bäume weiß waren von Blüten, und um Weihnachten, wenn sie weiß waren von Schnee."

Fontane kannte die Gegend um Freienwalde besonders gut. Anlass für die wiederholten Fahrten in dieses Gebiet waren neben den Recherchen zum zweiten Band der „Wanderungen" vor allem die Besuche bei dem seit 1847 von der Mutter getrennt lebenden Vater, der sich 1855 in Schiffmühle, einer ehemaligen, an der alten Oder gelegenen Schifferkolonie zur Ruhe gesetzt hatte und dort, vom Leben abgewandt, die letzten Tage „comme philosophe", wie ein Weiser, verbrachte. In seinem autobiographischen Roman „Meine Kinderjahre" erinnert sich der Dichter sehr deutlich an die Besuche, die er dort abstattete. Der Weg von Freienwalde, der nicht länger als eine gute halbe Stunde dauerte, sowie die Landschaft mit ihren Rapsfeldern und den weit über die Niederungen verstreut liegenden, mit Storchennestern besetzten Gehöften hatten sich tief eingeprägt. Das Haus seines Vaters stand da, wo eine alte Holzbrücke den von Freienwalde heranführenden Dammweg auf die Neutornowsche Flussseite fortsetzte. „Er bewohnte dasselbe mit einer Haushälterin von mittleren Jahren, die nach dem Satz lebte: ‚Selig sind die Einfältigen', aber etwas weitgehenden Gebrauch davon machte. Seine Trauer darüber war humoristisch rührend, denn das Bedürfnis nach Aussprache blieb ihm bis zuletzt. Glücklicherweise hatte er sich schon vorher an Selbstgespräche gewöhnt."

Das Haus seines Vaters steht auch heute noch. Nur die alte Brücke ist durch eine neue aus Beton und Stahl ersetzt worden, über die nun der Verkehr der B 158 flutet. In dem denkmalgeschützten Häuschen ist jetzt die Heimatstube untergebracht, und im Garten erinnert eine Gedenktafel an Fontanes Vater, der hier von 1855 bis zu seinem Tod 1867 gelebt hat.

Freienwalde ist ein Kurort und darum mit dem Zusatz „Bad" im Ortsnamen versehen. Die heilkräftigen Quellen, die aus den umliegenden Bergen sprudeln, waren bereits seit dem 14. Jahrhundert bekannt.

Doch die Gründung eines Bades erfolgte erst in den achtziger Jahren des 17. Jahrhunderts, als die Kunde von den heilenden Wassern bis zum Hof des großen Kurfürsten nach Berlin drang, der auf seine alten Tage an Gicht erkrankt war. In der Hoffnung, dass ihm die mineralische Kraft des Wassers von Freienwalde das gewähren möchte, was ihm bis dahin viele fremde Heilquellen versagt hatten, reiste der Regent nach Freienwalde. Er trank den Brunnen „mit Erfolg", wie berichtet wurde, und wiederholte daraufhin seine Besuche. Seitdem hielten die Hohenzollern stets Verbindung zu „ihrer" Badestadt, die als Gesundbrunnen rasch in Mode kam: Im Jahre 1685 verzeichnete sie bereits 1500 Kurgäste. Trotzdem „ist Freienwalde eine märkische Stadt geblieben", bemerkte Fontane. „Nicht der Welttourist, nur die Mark selber kehrt hier

Fontanehaus in Schiff-mühle. Louis Henri Fontane, der Vater des Dichters, lebte seit 1855 bis zu seinem Tod am 5. Oktober 1867 getrennt von seiner Frau in Schiffmühle, einer ehemaligen, an der alten Oder gelegenen Schifferkolonie. Das schlichte, um 1800 gebaute Fachwerkhaus besteht heute noch und beherbergt eine Fontane-Erinnerungsstätte sowie ein Heimatmuseum.

zum Besuch bei sich ein." Dementsprechend gab sich der Charakter des Bades eher genügsam. Mit einem ironischen Seitenblick auf die britisch geprägten Bäder Europas hob der Dichter hervor, dass hier das Frühstück noch Frühstück hieße und nicht Breakfast, dass es kein Roulette, keine Equipagen und keine aufgeputzten Bedienten gäbe und schon gar nicht die Gepflogenheit der fünfmal täglich gewechselten Toilette. So ist es auch heute noch. Die Gastronomie pflegt Bodenständigkeit und legt Wert auf das Attribut „hausgemacht". Ihr Angebot schmückt sich weniger mit Namen, die exotischen Duft verströmen, sondern schafft Gaumenlust mit den „Klassikern des Oderbruchs": Schweinekopfsülze, Bauernklopse und Krautwickel.

Die Kuranlagen liegen in einem idyllischen Winkel am Saum der Papenberge. Man erreicht sie über die Gesundbrunnenstraße, die, vorbei an einer Fontane-Büste, leicht ansteigend aus der Stadt herausführt. Der Gebäudekomplex

Begrenzt von den bewaldeten Hängen der Papenberge liegt der Kurpark von Bad Freienwalde außerhalb des Stadtzentrums idyllisch im Brunnental. Gestaltet wurde er nach Plänen des preußischen Gartenarchitekten Peter Joseph Lenné. Die Anlage ist mit einigen Skulpturen geschmückt, von denen die eines Stiers aus Carrara-Marmor des Berliner Bildhauers Louis Tuaillon am auffälligsten in Erscheinung tritt.

am unteren Ende des Kurparks ist das ehemalige Hotelrestaurant „Papenmühle", an dessen Stelle ursprünglich eine Wassermühle stand. Weiter oberhalb, rechts der Straße, fällt ein im klassizistischen Stil gebautes Landhaus ins Auge, das der Baumeister des Brandenburger Tors in Berlin, Carl Gotthard Langhans (1732–1808), in den Jahren 1789/90 geschaffen hat. Es zählt heute zu den wertvollsten Architekturdenkmälern Bad Freienwaldes. Von dort führt ein von Linden überschatteter Promenadenweg zu dem alten, 1875 gebauten Kurhaus, dem seit 1994 eine moderne Rehabilitationsklinik für Orthopädie und Rheumatologie angegliedert wurde.

Ein anderer beschaulicher Platz in Bad Freienwalde ist der Apothekerberg mit dem königlichen Schloss. Der zweigeschossige klassizistische Bau, dem ein Landschaftspark
angeschlossen ist, wurde zwischen 1798/99 von
David Gilly (1748–1808) im Auftrag von Friederike Luise von Preußen, der zweiten Gattin des
1797 verstorbenen Königs Friedrich Wilhelm II.,
als sommerlicher Witwensitz geschaffen. Schon
zu Lebzeiten ihres Gemahls – beide hatten den
Gesundbrunnen nach 1787 mehrmals besucht
und die Entwicklung des Kurortes unterstützt –,
war die berlinmüde Königin gerne nach Freienwalde gereist und hatte hier am Apothekerberg,
bevor das Schloss errichtet wurde, eine Sommer-

Das Kurmittelhaus von Bad
Freienwalde gehört zu
einem der bemerkenswer-
testen Architekturdenkmä-
lern der Stadt. Das von Carl
Gotthard Langhans, in den
Jahren 1789/90 geschaffene
klassizistische Gebäude
diente ursprünglich als
Bade- und Logierhaus für
adlige Kurgäste.

residenz, das sogenannte Teehäuschen, bauen lassen. Der im Geschmack des 18. Jahrhunderts mit romantischen Motiven geschmückte Park wurde später unter Einfluss des Gartenarchitekten Peter Joseph Lenné (1789–1866) in einen Landschaftspark mit weitläufigen Rasenflächen und Fernsichten umgestaltet.

Nach dem Tod der Königinwitwe war es im Schloss still geworden. Zwar ließen sich von Zeit zu Zeit noch vereinzelt Gäste und auch Jagdgesellschaften sehen, doch schließlich verödete das Anwesen, bis es 1909 in den Besitz des Industriellen und späteren Außenministers der Weimarer Republik, Walther Rathenau (1867–1922), kam. Der neue Hausherr – er wohnte hier bis zu seiner Ermordung – ließ das Schloss restaurieren und machte es zum Treffpunkt schöngeistiger Menschen, zu denen auch die Dichter Gerhart Hauptmann und Fritz von Unruh zählten. Heute wird das Schloss kulturell genutzt. Eine seit 1991 ständige Einrichtung ist die Rathenau-Ausstellung.

Fontane war der Meinung, dass der besondere Reiz von Bad Freienwalde in seinem bergigen Umfeld liege, denn „wer nicht kommt, um hier die Eisenquelle zu trinken, der kommt doch, um einen Blick in die ‚Märkische Schweiz' zu tun". Gleich im Rücken der Stadt erhebt sich der Ruinenberg, der einen malerischen Blick über die duftige Frische der Bruchlandschaft gewährt. „Wie ein Bottich liegt diese da, durchströmt von drei Wasserarmen: der Faulen, Alten und Neuen Oder, und eingedämmt von Bergen hüben und

drüben (...). Nur Wiesen, nur grüne Fläche; dazwischen einige Kopfweiden; mal auch ein Kahn, der über diesen oder jenen Arm der Oder hingleitet, dann und wann ein mit Heu beladenes Fuhrwerk oder ein Ziegeldach, dessen helles Rot wie ein Lichtpunkt auf dem Bilde steht."

Das Oderbruch ist eine etwa 60 Kilometer lange und 20 Kilometer breite Niederung, die nach Osten hin vom Fluss selber und an der gegenüberliegenden Seite von den Abhängen des Barnim-Plateaus begrenzt wird, „ein Bauernland, eine Art Dithmarschen", wie Fontane es charakterisierte. Vor seiner Eindeichung und Urbarmachung war das Bruch eine Wüste, von unzähligen, regellos verlaufenden Wasserarmen durchschnittene Fläche, die jedes Jahr nach der

Das Schloss von Bad Freienwalde. Es wurde 1798/99 nach Plänen des Architekten David Gilly für die preußische Königin Friederike Luise, Gemahlin von König Friedrich Wilhelm II., gebaut, die das Bad zu ihrem Sommersitz gewählt hatte. Heute ist es eine Erinnerungsstätte für Walther Rathenau, der das Anwesen 1909 in seinen Besitz gebracht hatte.

Die Oder bei Güstebieser Loose. „Zwischen Frankfurt und Stettin ist während der Sommermonate ein ziemlich reger Dampfschiffverkehr. Schleppschiffe und Passagierboote gehen auf und ab", stellte Fontane während einer Oderfahrt fest. Heute allerdings ist es ruhig geworden auf dem Fluss, der die deutsch-polnische Grenze markiert.

Schneeschmelze überschwemmt war. Dann glich das Stück Erde einem „gewaltigen Landsee, aus welchem nur die höher gelegenen Teile hervorragten." Fontane beschrieb sehr ausführlich die Trockenlegung und Nutzbarmachung des Bruchs – ein Unternehmen, das bereits der Soldatenkönig Friedrich Wilhelm I. konkret geplant hatte, das aber erst von seinem Sohn, Friedrich II., erfolgreich zu Ende gebracht werden konnte. Einen wunderschönen Blick in das Oderbruch von noch höherer Warte, als sie der Ruinenberg bietet, ermöglicht der Aussichtsturm auf dem Galgenberg, wahrlich ein Belvedere. Fontane allerdings konnte ihn während seiner Oderland-Reise noch nicht besteigen, da das Bauwerk erst im Mai 1879 eingeweiht wurde.

Den Weg in das von Hügeln umgebene Falkenberg hat Fontane mehrmals zurückgelegt. „Die
einschließenden Berge gewähren die schönste
und wechselndste Aussicht; der Abhang rechts
blickt in das Bruch, die Wände und Klippen zur
Linken aber blicken in die Verschlingungen und
Kesseltiefen der eigentlichen Wald- und Berg-
landschaft hinein." Den stillen Landschaftsein-
druck des Dichters kann man heute noch nach-
erleben, und zwar auf dem Fontane-Wanderweg, der von Falkenberg nach Freienwalde
führt. Er verläuft auf dem Höhenzug parallel
zur Straße.

Am Südosthang der Barnim-Hochfläche liegt
inmitten einer seenreichen Waldlandschaft das
über 700 Jahre alte Städtchen Buckow, das Fontane als „Perle der Märkischen Schweiz" bezeichnete. „Buckow hat einen guten Klang (...)",
schrieb er, „und bei bloßer Nennung des
Namens steigen freundliche Landschaftsbilder
auf: Berg und See, Tannenabhänge und Laubholzschluchten, Quellen, die über Kiesel plät-
schern, und Birken, die, vom Winde halb ent-
wurzelt, ihre langen Zweige bis in den
Waldbach niedertauchen."

Buckow und seine Umgebung bilden die Märkische Schweiz, einen kleinen Naturpark, der
rund 50 Kilometer östlich von Berlin-Mitte liegt.
Zu Fontanes Zeiten noch ein touristisches
Aschenputtel, hat sich das Städtchen mittlerweile zu einem vielbesuchten Ausflugsziel
gemausert: Im 14. Jahrhundert lag Buckows
Wohlstand im Hopfenanbau begründet, heute

Blick über den Schermützelsee auf Buckow, die Perle der Märkischen Schweiz. „Buckow hat einen guten Klang (...), und bei bloßer Nennung des Namens steigen freundliche Landschaftsbilder auf: Berg und See, Tannenabhänge und Laubholzschluchten", schrieb Fontane. Das reizvolle Naturambiente wussten auch Bertolt Brecht und Helene Weigel zu schätzen, die sich am Ufer des Sees einen Sommersitz einrichteten.

bezieht es seinen Reichtum aus dem Erholungswert der Wälder, Täler und Gewässer, die zu seinem landschaftlichen Umfeld gehören.

Von den sechs Seen, die Buckow umrahmen, ist der Schermützelsee der größte. Ganz begeistert berichtete Fontane von einem Ausflug zum Bollersdorfer Plateau, von dessen Höhe aus er das vielleicht schönste Landschaftsbild der Märkischen Schweiz vor sich hatte: „Links und rechts, in gleicher Höhe mit uns, die Raps- und Saatfelder des Plateaus, unmittelbar unter uns der blaue, leis gekräuselte Schermützelsee, drüben das andere Ufer, in den Schluchten verschwindend und wieder zum Vorschein kommend, die Stadt." Immer wieder kehrt sein Blick auf den

See zurück, und die Erzählung eines alten Fischers, nach der das ursprüngliche, das alte Buckow dort unten einst versunken sein soll, wollte ihm nicht aus dem Kopf gehen. Obwohl es für die Entstehung des bis zu 45 Meter tiefen Sees auch schon damals eine geologische Erklärung gab – man sprach von einem Erdfall – lehnte sich Fontane weit über den Abgrund hinaus, „wenigstens den Wunsch im Herzen, unten ein Eichenskelett bis an den Wasserspiegel heraufragen und die Fische durch seine Zackenkrone hindurchhuschen zu sehn."

Wie tief muss man eigentlich in das Glas geschaut haben, um den heutigen Erklärungsansatz einer eiszeitlichen Schmelzwasserrinne

Über die Entstehung des Schermützelsees gibt es verschiedene Meinungen, bei denen von abtauenden Toteisblöcken und Erdfällen die Rede ist, oder auch von Vertiefungen, die sich durch die abtauenden Gletscher der letzten Vereisung gebildet und sich dann allmählich mit Grundwasser gefüllt haben.

Zu den landschaftlichen Schönheiten der Märkischen Schweiz gehört der Große Tornowsee. Er ist umschlossen von grün ansteigenden Ufern und bezaubert durch seine Lichtstimmungen, die ein Bild heiterer Ruhe erwecken. Ein Weg führt um den See und gewährt immer wieder reizvolle Blicke durch das tief herabhängende Buchengeäst auf die glitzernde Wasserfläche.

zu vergessen und Anzeichen für eine im See versunkene Stadt zu finden? Ganz gleich aber, ob Wissenschaft oder Weingeist im Spiel ist: „ob die Glocken dann abends in der Tiefe klingen oder nicht – der ist nicht beneidenswert, der sie schlechterdings nicht zu hören vermag", meinte der Dichter.

Wenn man Buckow mit Dichtern und Dichtung in Verbindung bringt, wird man neben Fontane auch an Bertolt Brecht (1898–1956) denken müssen, der hier mit seiner Frau Helene Weigel (1900–1971) ab 1952 einen Sommersitz bezog. „Das kleine Haus unter Bäumen am See", wie Brecht seinen gar nicht kleinen Besitz nannte, ist von einem parkähnlichen Garten umrahmt.

In diesem Ambiente verfasste er die „Buckower Elegien", die der Schriftsteller Rolf Schneider als „karge, gleichsam märkische Spruchgedichte" bezeichnet hat.

Die Gegend um Buckow ist ein ausgezeichnetes Wandergebiet. Das Angebot reicht von kurzen Spaziergängen bis hin zu ausgedehnten Unternehmungen. Besonders beliebt ist der Weg rund um den Schermützelsee. Aber auch die stillen Waldseen wie der Kleine und der Große Tornow sowie das Stobbertal sind reizvolle Ausflugsziele. Wer gut zu Fuß ist, kann die Wegstrecke nach Neuhardenberg durch einsame Waldgebiete zurücklegen. Bequemer und schneller geht es allerdings mit dem Fahrzeug über die Oder-

Ursprünglich war Schloss Neuhardenberg ein altes Herrenhaus, das Friedrich II. 1763 Joachim Bernhard von Prittwitz schenkte als Dank für dessen Verdienste in der Schlacht bei Kunersdorf. Später gelangte das Anwesen in den Besitz des Staatskanzlers Fürst Karl August von Hardenberg. Erst in den zwanziger Jahren des 19. Jahrhunderts wurde der Bau durch Schinkel in ein klassizistisches Palais umgewandelt.

bruch-Randstraße. Die Geschichte des seit dem 13. Jahrhundert bestehenden Orts ist durch häufige Besitzwechsel geprägt. Mehrmals änderte sich dabei auch der Name. Bis 1814 hieß die Ortschaft Quilitz, anschließend Neu-Hardenberg und zwischen 1949 bis 1990 Marxwalde. Nach der Wiedervereinigung gab man ihr den alten Namen Neuhardenberg – jetzt aber ohne Bindestrich – zurück.

Interessant wird die Geschichte des damaligen Quilitz im Jahr 1763 mit der Schenkung von Friedrich II. an den Oberstleutnant Joachim Bernhard von Prittwitz. Dieser hatte als Rittmeister bei den Zietenschen Husaren in der Schlacht bei Kunersdorf 1759 den König vor drohender Gefangenschaft gerettet. Als Dank dafür bekam er Quilitz zum Besitz. Um ein standesgemäßes Leben zu führen, begann der neue Herr sogleich mit der Schaffung eines ansprechenden Domizils. Der Bau war bereits bis zum ersten Stockwerk fortgeschritten, als der König anlässlich einer Inspizierung des Oderbruchs in Quilitz vorbeischaute und sein Missfallen kundtat: „Prittwitz, Er baut ja ein Schloss, Er will ja hoch hinaus." Prittwitz verstand den Wink, verzichtete auf eine Beletage und setzte das Dach auf das Erdgeschoss. Erst von 1820 bis 1823 wurde das Prittwitzsche Landhaus von Schinkel zu einem klassizistischen Palais umgebaut und neben anderen umfassenden Veränderungen um ein weiteres Stockwerk erhöht.

An die Quilitz-Zeit erinnert heute noch der mit Stuckreliefs geschmückte Gartensaal. Er ist der

Parkseite zugewandt, so dass der Blick von dort über die Rasen-, Wasser- und Baumpartien schweifen kann. Ebenfalls aus damaliger Zeit stammt das Marmordenkmal, das Prittwitz 1792 zum Gedenken des großen Königs errichten ließ. Es wurde nach Entwürfen von Johann Wilhelm Meil (1733–1805) angefertigt und zeigt auf einem Säulenstumpf das Reliefbild Friedrichs II.; ein trauernder Mars, den Kopf des toten Königs umarmend, kniet zur Linken, während eine aufrecht stehende Minerva an der anderen Seite lehnt. „Die Komposition ist etwas steif, etwas herkömmlich und in vielen Stücken angreifbar, aber dennoch eine gute Durchschnittsarbeit", urteilte Fontane, der das Hauptinteresse darin sah, dass dieses Denkmal das

Denkmal zum Gedenken Friedrichs II. im Park von Schloss Neuhardenberg. Der Ausschnitt des Figurenensembles zeigt den toten König, umarmt von einem trauernden Mars. An der linken Bildseite, angeschnitten, lehnt die römische Göttin Minerva. Es ist das erste Denkmal, das zur Erinnerung an den „Alten Fritz" errichtet wurde.

Nachdem die ursprüngliche Feldsteinkirche von Neuhardenberg bei dem Dorfbrand von 1801 zu Schaden gekommen war, erhielt Schinkel den Auftrag für den Neubau. Aus Teilen der ausgebrannten Vorgängerkirche schuf er nun ein Gotteshaus klassizistischer Prägung.

erste überhaupt war, das dem Andenken Friedrichs II. errichtet wurde. Eigentlich passen sie recht gut zusammen, die beiden Gestalten der antiken italienischen Mythologie und der Alte Fritz: Minerva, Kriegsgöttin und Beschützerin von Kunst und Wissenschaft sowie der Kriegsgott Mars als Trauernde um einen toten König, der zu Lebzeiten etliche Kriege zur Stärkung der preußischen Macht in Europa geführt hat, und der zugleich auch ein sensibler Mensch mit ausgeprägten musischen Neigungen wie auch intellektuellen Interessen war.

Nach dem Tod des ehemaligen königlichen Rittmeisters 1793 blieb Quilitz zunächst Eigentum der Familie. Später ging der Besitz an die Krone

über und 1814 wurde er schließlich dem Staatskanzler Fürst Karl August von Hardenberg (1750–1822) übereignet, der auch die Umbenennung des Orts vornahm. Unter der Regie des neuen Hausherrn wurden Schloss, Park und Kirche umgestaltet. Mit den baulichen Aufgaben war Schinkel beauftragt worden, während die Gestaltung des Landschaftsparks auf Entwürfe Lennés zurückgeht. Vermutlich hat auch der Schwiegersohn des Staatskanzlers, Hermann Fürst von Pückler-Muskau (1785–1871) an der Veränderung der alten Gartenanlage mitgewirkt – übrigens, wie eine Anekdote erzählt, gegen die Stilvorstellungen seines Schwiegervaters.

Refektorium der ehemaligen Zisterzienserinnenabtei von Altfriedland. Der erstmals 1271 im Zusammenhang mit der Gründung eines Nonnenklosters als „Vredelant" erwähnte Ort gehört heute zur Gemeinde Neuhardenberg. Besonders sehenswert ist neben den noch erhaltenen Teilen des Kreuzgangs das viel gerippte Sterngewölbe des einstigen Speisesaals, das von den Außenmauern und drei Pfeilern getragen wird.

Wo die Havel fließt

Ribbeck: Einst ein unauffälliges Straßendorf an der einstigen Transitstrecke Hamburg–Berlin. Einfache Häuser, darunter das alte, mittlerweile geschlossene Gasthaus „Zum Birnbaum", diesem gegenüber das Restaurant mit Namen „Theodor Fontane". In einem Seitenweg abseits der Hauptstraße das ehemalige Schloss der Ribbecks, das, in jüngerer Vergangenheit noch als Seniorenzentrum genutzt, heute aber, optisch herausgeputzt, Glanz der ganzen Gemeinde ist. Angrenzend ein kleiner Park und die von alten Linden- und Kastanienbäumen beschattete Dorfaue, dahinter das Kirchengelände sowie der Gutshof mit Scheunen und Stallungen. Das ist Ribbeck. Ribbeck im Havelland. Vor Jahren in den renommierten Reiseführern noch unerwähnt, gehört es heute zu den ersten Adressen der Weltliteratur. Ein Birnbaum hat ihn berühmt gemacht und zieht heute – der Fontane-Renaissance sei dank – unzählige Touristen an. Bei bloßer Nennung des Namens kommen, wie einst im Deutschunterricht, die Zeilen des beliebten Gedichts über die Lippen:

Herr von Ribbeck auf Ribbeck im Havelland,
ein Birnbaum in seinem Garten stand.

Fontane erzählt darin die Geschichte eines spendierfreudigen Gutsbesitzers, der von seinem Baum Birnen an die Kinder des Dorfes verschenkte. Als er seinen Tod nahen fühlte, so die Ballade,

Da sagte von Ribbeck: „Ich scheide nun ab.
Legt mir eine Birne mit ins Grab."

Wohlweislich hatte er so verfügt, denn er wusste um die Knauserigkeit des märkischen Adels im Allgemeinen und um die seines Nachfolgers im Speziellen. Wie die Geschichte zu Ende geht, ist bekannt: Aus der Birne schoss ein neuer Trieb, und der Trieb wuchs zu einem kräftigen Baum heran, der Früchte trug, von denen die Kinder wieder ungestraft naschen durften:

So spendet Segen noch immer die Hand
Des von Ribbeck auf Ribbeck im Havelland.

Der alte, in Fontanes Gedicht berühmt gewordene Birnbaum steht nicht mehr. Morsch und vom Alter geschwächt, ist er 1911 in einer stürmischen Novembernacht zusammengebrochen. An seiner statt wächst nun im Schatten der Kirche ein neues Bäumchen, das mittlerweile zu einem Pilgerziel für Ausflügler und Literaturreisende geworden ist. Es wurde 2000 gesetzt, nachdem Jahre zuvor mehrere Versuche einer Nachpflanzung nicht den erwarteten Erfolg gebracht hatten. Ob seine Früchte allerdings ebenso munden wie die seines berühmten Vorgängers, soll hier nicht entschieden werden. Damit alt und jung beisammen sind, hat es der Kirchenvorstand erreicht, dass das vermoderte Stück des ursprünglichen Fontaneschen Baumes als „Reliquie" in der Kirche bestaunt werden kann.
Die Birnbaumgeschichte – Fontane schrieb das

Gedicht erst 1889 – kommt in den „Wanderungen" zwar nicht vor, doch ist im Kapitel über
Groß Glienicke von den Ribbecks die Rede. Die
Vertreter dieses Adelsgeschlechts waren aber
weit verbreitet, und es ist schwer zu sagen, wer
von ihnen durch das Gedicht populär geworden
ist. War es Hans Georg von Ribbeck, der 1624 das
Ribbeck-Haus in Berlin baute? Oder vielleicht
jener, der von 1689 bis 1759 gelebt hat und den
das Ribbecker Kirchenbuch als tadellosen Menschen erwähnt? Auch in dem aus einem alten
Rittergut hervorgegangenen Groß Glienicke,
heute ein Ortsteil von Potsdam, haben die Ribbecks ihre Spuren hinterlassen. In der mittelalterlichen Feldsteinkirche findet man die Epita-

Schloss Ribbeck – eigent-
lich ein Herrenhaus –
dominiert optisch das Guts-
hofensemble des kleinen,
zu Nauen gehörenden Orts
Ribbeck, den Fontane mit
seiner berühmten Ballade
des „Herrn von Ribbeck auf
Ribbeck im Havelland"
weltbekannt gemacht hat.
Heute wird das Schloss, in
dem sich ein Restaurant
und ein Museum befinden,
für kulturelle Veranstaltungen genutzt.

phien zweier Hans Georg von Ribbeck, Vater und Sohn.

Der Geschichte vom großzügigen Gutsherrn steht eine ältere Überlieferung gegenüber, die für den Birnbaum auf dem Grabe eine andere, eher prosaische Erklärung hat. Ihr zufolge hatte man vergessen, dem Toten vor seiner Beerdigung die Taschen, in denen eine Birne verblieben war, zu leeren. Wie auch immer, das Gedicht scheint ein Versuch Fontanes gewesen zu sein, nach aller Kritik, die er am märkischen Adel geübt hatte, wieder einmal etwas zu dessen Gunsten zu äußern. Sicher aber ist, dass der literarische Birnbaum von Ribbeck zu einem Markenzeichen des Havellandes geworden ist.

Dabei sind es weniger Birnen als Zigtausende von Kirsch- und Apfelbäumen, die den Ruhm des Havellandes als Obstanbaugebiet begründen. Sein Zentrum liegt in der Gegend um Werder. Fontane schrieb von „ganzen Kirschbaumwäldern", die sich in wohlgerichteten Reihen von den Ufern der Havel bis zu den Kuppen der Berge hinaufzogen. Besonders beeindruckt aber hatten ihn schon als Jungen die Werderschen Obstmarktfrauen, an die er sich als „die besten Freundinnen unserer Jugend" erinnerte. Auf seinem Schulweg in Berlin war Fontane jeden Morgen an ihren Ständen vorbeigekommen, und mit Spannung hatte er so manches Mal das Einlaufen der mit Obst beladenen Boote verfolgt, „große Schuten, dicht mit Tienen (Obstkörben) besetzt, während auf den Ruderbänken zwanzig Werderanerinnen saßen und ihre Ruder und die

Köpfe mit den Kiepenhüten gleich energisch bewegten. Das war ein idealer Genuß". Bedenkt man, dass die Heranwachsenden vor 180 Jahren noch geringerer Reize bedurften, um die Herzen höher schlagen zu lassen, kann man sich das Entzücken des 15jährigen Fontane, den der Kuppelbau der umgestülpten und übereinander getürmten Holztienen damals mehr interessierte als der Säulenwald des Schinkelschen Neuen Museums in Berlin, leicht vorstellen.

Als Fontane 45 Jahre später wieder nach Werder kam – „das ‚Neue Museum' von damals ist schon wieder zu einem alten geworden", schrieb er danach –, waren die Bilder jener Tage nicht verblasst. Und „die Jugendsehnsucht nach den Wer-

Havelländische Vorzeige-Idylle: Eine Kirche, die an höchster Stelle des Ortes in spitzenreicher Gotik aus dem Grün emporsteigt, eine alte Holländermühle und alles umgeben von den blinkenden Spiegeln des Havelwassers - das ist der Blick auf die Inselstadt Werder.

derschen stieg wieder auf", wenn er von den Uferhöhen am Schwielowsee zur Spitzturmkirche von Werder blickte.

Ursprünglich wurde in der Gegend um Werder Weinanbau betrieben, den die Zisterziensermönche des nahegelegenen Klosters Lehnin eingeführt hatten. Erst im 18. Jahrhundert ging man vermehrt dazu über, Obst zu kultivieren. Der Wechsel erwies sich als segensreich, und der Wohlstand der Inselstadt Werder vermehrte sich im gleichen Maße wie sich Berlin, wichtigster Absatzmarkt von Gartenanbauprodukten, vergrößerte. Wenn heute im Frühjahr die Obstbäume in einem weiß- und rosafarbenen Blütenmeer stehen und die Stadt das traditionelle Baumblütenfest feiert, dann strömen Tausende Besucher hierher, um sich an der Pracht und vor allem am Werderaner Obstwein zu berauschen. Und wem die Promille den Blick nicht vollends getrübt hat, der wird auch für die landschaftlichen Reize des Havelgebiets südlich von Potsdam, wo der Fluss ein vielgestaltiges Seengebiet bildet, ein offenes Auge haben.

Von Potsdam kommend, führt der Weg nach Werder über die Baumgartenbrücke. Dort bildet die Havel nach Süden hin das weite Becken des Schwielowsees und weicht gleichzeitig von ihrer bislang bevorzugten südlichen Fließrichtung nach Norden ab. Der Blick von hier ist einer der schönsten im gesamten Flussverlauf: Links eine zumeist mit zahllosen Segeln übersäte Fläche, von deren Ufer sich sanft bewaldete Hänge emporziehen; rechts das Havelwasser, in dem

sich der Backsteinkirchturm von Geltow spiegelt. Auch Fontane war von diesem Blick ange-
tan. Wie oft mag er sich hier an das Geländer der
Brücke gelehnt und auf den blinkenden Wasserspiegel geschaut haben, während ihm seine Fan-
tasie Bilder in Erinnerung spielte, die mit einer
lange zurückliegenden Zeit in Verbindung standen. In seinen „Wanderungen" kam es Fontane
weniger darauf an, seine Aufmerksamkeit vor-
nehmlich den malerischen und stimmungsvol-
len Winkeln zu schenken. Seine Sympathie für
dieses Gewässer war nicht in erster Linie Begeisterung an schöner Natur, sondern Interesse an
der Flusslandschaft als Einzugsgebiet von Kultur
und Geschichte. „Die Havel", so betonte er, „darf

Abendstimmung an der
Havel: Der Blick von der
Baumgartenbrücke mit
dem Geltower Kirchturm
zur Rechten ist von betö-
render Schönheit. Auf der
gegenüberliegenden Seite
bildet die Havel das weite
Becken des Schwielowsees,
dessen bewaldete Ufer
sanft aus dem Wasser
emporsteigen.

79

sich einreihen in die Zahl deutscher Kultur-
ströme". So könnte es sein, dass der Blick von
der Baumgartenbrücke eine Inspirationsquelle
für sein 1872 verfasstes Gedicht „Havelland"
gewesen ist, mit dem er den dritten Band der
„Wanderungen" statt eines Vorwortes einleitet.

Ein Stück weiter sieht man über dem westlichen
Ufer einen anderen Kirchturm in spitzenreicher
Gotik emporsteigen: Es ist die Kirche „Zum Heiligen Geist", die sich malerisch über der Stadtin-
sel von Werder erhebt.

Werder – der Name bedeutet Insel im Fluss –
präsentiert sich als eine Art havelländische Vorzeige-Idylle. Obwohl auch Fontane von diesem
malerischen Ensemble nicht ungerührt blieb,
mäßigte er seine Begeisterung, was die Beurteilung der Stadt selbst betraf. „Der nur auf das
Praktische gerichtete Sinn, der nichts Höheres,
als den Erwerb kannte, dazu eine Abgeschlossenheit, die alles Lernen fast mit Geflissentlichkeit
vermied, all diese Züge, (...) waren begreiflicher-
weise nicht imstande, aus Werder einen Prachtbau zu schaffen. Es hatte seine *Lage* und seine
Kirche, beide schön, aber die Lage hatte ihnen
Gott und die Kirche hatten ihnen die Lehniner
Mönche gegeben. An beiden waren die Werderschen unschuldig."

Die Stadtkirche ist heute noch so erhalten, wie
Fontane sie schilderte. Auch das von ihm ausführlich beschriebene ehemalige Altargemälde,
ist noch vorhanden. „Es ist so abnorm, so einzig
in seiner Art." Es zeigt Christus in rotem
Gewand als Apotheker. Er steht an einem Dis-

„Christus als Apotheker". Das Gemälde hängt in der Stadtkirche „Zum Heiligen Geist" von Werder und zeigt den Heiland am Dispensiertisch. Fontane fand das Bild „so abnorm, so einzig in seiner Art", dass er es in seinem Havellandbuch ausführlich beschrieb.

pensiertisch, eine Apothekerwaage in der Hand. Vor ihm sind acht pharmazeutische Gefäße aufgereiht, die auf ihren Schildern folgende Inschriften tragen: Geduld, Hoffnung, Liebe, Beständigkeit, Hilfe, Friede, Gnade, Glaube. Davor ein Körbchen mit Kreuzwurz, aus dem Christus soeben eine Handvoll genommen hat, um die Waage, in deren einer Schale die Schuld liegt, wieder in Balance zu bringen. Fontane vermutete, dass das Bild aus einer Apotheke stammt, dessen Besitzer es der Kirche stiftete, als diese 1734 renoviert wurde.

Ursprünglich im Jahre 1250 von Zisterziensermönchen aus Lehnin errichtet, wurde die Kirche zweimal völlig umgebaut. Bei ihrer letzten Erneuerung von 1856 bis 1858 hat man ihre

Schloss Petzow. Seine Architektur bezeichnete Fontane als eine „Mischung von italienischem Kastell- und englischem Tudorstil". Es liegt recht malerisch auf einer kleinen Anhöhe am westlichen Ufer des Schwielowsees. An der Gartenseite schließt sich ein weiträumiger Landschaftspark an.

Gotik wiederhergestellt, die, wie Fontane urteilt, „in der Nähe vielleicht mannigfach zu beanstanden, als Landschaftsdekoration aber (...) von seltener Schönheit ist."

Ein anderes Schaustück gelungener Symbiose zwischen Naturlandschaft und menschlicher Gestaltungskraft präsentiert sich in der Schloss- und Parkanlage von Petzow, einer kleinen Ortschaft am Westufer des Schwielowsees. Das Schloss, das zuvor ein Gutshaus war, wurde 1828 nach einem Plan von Schinkel errichtet. „Es zeigt eine Mischung von italienischem Kastell- und englischem Tudorstil, denen beiden die gotische Grundlage gemeinsam ist", schrieb Fontane. Der Besitz gehörte der Familie von Kaehne, die ihn von 1623 bis 1945 innehatte. Ursprünglich waren die Kaehnes Bauern, die 1740 in den Adelsstand erhoben wurden. Der Park zählt zu den schönsten Schöpfungen Lennés. An einem Hügelabhang gelegen, gewährt er einen berückenden Blick über den mit Erlen gesäumten Parksee und den dahinterliegenden, durch einen schmalen Damm von ihm getrennten Schwielowsee.

Am jenseitigen Ufer, dort, wo die Havel den Templiner See verlässt und sich wieder zu einer Wasserstraße verengt, um kurz darauf mit der Einmündung in den Schwielowsee erneut ihren Flusscharakter aufzugeben, liegt das Städtchen Caputh. Ehemals waren hier Schiffer und Schiffsbauer zu Hause. Sie verfügten über eine ansehnliche Kahnflotte, mit der sie hauptsächlich Steine, die in den zahlreichen Ziegeleien der Umgebung gebrannt wurden, zu den städtischen Märkten transportierten. Damals, als der abkürzende Weg nach Berlin über eine nördliche Kanalverbindung noch nicht bestand, musste der gesamte Havelverkehr an Caputh vorbeiziehen. So bildete sich ein wichtiger Hafen und Handelsplatz. Erst mit der Fertigstellung des Sacrow-Paretzer Kanals 1891 verlor Caputh, das Fontane als „Chicago des Schwielowsees" bezeichnete, an Bedeutung. Seine Bewohner sahen sich nun gezwungen, eine andere Erwerbsquelle zu erschließen; fortan konzentrierten sie sich auf Gartenbau und Fremdenverkehr. Heute ist die Ortschaft mit dem Fährhauslokal und dem nahegelegenen Seebad Caputh ein beliebtes Ausflugsziel. Eine besondere Attraktion bietet die Seilfähre, die in nostalgischer Manier Gäste über die Havel setzt. Auch Albert Einstein hat sich in Caputh wohlgefühlt. Er besaß hier ein Sommerdomizil, das er von 1929 bis zu seiner Emigration nach Amerika

Ein Bild wie aus vergangenen Tagen: Immer noch pendelt die alte Seilfähre, die mittlerweile eine neue ist und den Namen „Tussy II" trägt, über die Havelenge zwischen dem Templiner See und dem Schwielowsee von Ufer zu Ufer. Die Gäste im traditionellen Restaurant „Fährhaus" können das Geschehen auf dem Fluss in stilvollem Ambiente verfolgen.

1932 bewohnte. Wenn er von seinem Häuschen in der Waldstraße den Blick über die Havel schweifen ließ und die vorüberziehenden Schiffe beobachtete, dürfte er sich wohl kaum Sorgen über das Relativitätsprinzip gemacht haben. In offensichtlicher Ferienstimmung schrieb er seinem Sohn in Zürich folgende Zeilen:

Sei ein gutes faules Tier,
streck alle Viere weit von Dir.
Komm nach Caputh, pfeif auf die Welt
Und auch auf Papa, wenn Dir's gefällt.

„Das Havelland", schrieb Fontane, „ist die Stätte ältester Kultur in diesen Landen. Hier entstanden, hart am Ufer des Flusses hin, die alten Bistümer Brandenburg und Havelberg. Und wie die älteste Kultur hier geboren wurde, so auch die neueste. Von Potsdam aus wurde Preußen aufgebaut, von Sanssouci aus durchleuchtet." Obwohl er Potsdam von häufigen Besuchen her gut kannte, schlug Fontane in den „Wanderungen" einen großen Bogen um die wichtigste Stadt der Region. In einer älteren Inhaltsgliederung von 1869/70 ist noch ein Potsdam-Kapitel mit neun Unterpunkten vorgesehen, und es gab auch schon einen Textentwurf. Beim Verzicht auf diesen Abschnitt mag auch die Überlegung eine Rolle gespielt haben, dass ein Potsdam-Kapitel den Rahmen des Havelland-Bandes gesprengt hätte, zumal die ursprüngliche Absicht, das Thema in zwei Bänden abzuhandeln, aufgegeben wurde. So begnügte sich Fontane damit, anstelle der Großtaten und Kunstdenkmäler eine andere Zierde Potsdams herauszustellen: Den Havelschwänen widmete er ein ganzes Kapitel und beschrieb darin sehr ausführlich, wie die Vögel sommers und winters eingefangen wurden, das eine Mal, um sie auf die Rupfbank, das andere Mal, um sie in eisfreie Gewässer zu bringen.

Mit dem Verzicht auf einen zweiteiligen Havelland-Band musste auch Brandenburg in den „Wanderungen" unbehandelt bleiben. In einem Brief vom 13. Juli 1888 bekannte Fontane: „Soviel ich mich mit Einzelpartien unserer Mark

Angestrahlt von der aufgehenden Sonne steht die Heilandskirche von Sacrow wie ein kleines bernsteinfarbenes Kleinod am Ufer des Jungfernsees und spiegelt sich auf der reglosen Wasserfläche. Ihre Architektur, die nach Skizzen von Friedrich Wilhelm IV. ausgeführt wurde, erinnert an italienische Sakralbauten.

beschäftigt habe, zu einem auch nur leidlich gründlichen Studium der einst wichtigsten Stadt des Landes bin ich nie gekommen." Er erwähnte sie lediglich in dem Kapitel, das die Besiedlungsgeschichte der Mark behandelt, als die „alte Wendenveste Brennabor". Trotzdem aber dürfte er die Stadt und ihre Sehenswürdigkeiten, etwa die Kirche St. Katharinen und den Dom St. Peter und Paul, das Altstädter Rathaus und die Stadtbefestigung mit den Tortürmen gut gekannt haben.

Fontanes Aufmerksamkeit richtete sich besonders auf die Geschichte der im 6. Jahrhundert in das Gebiet der späteren Mark Brandenburg ein-

Blick durch das Mittelschiff der Kirche St. Katharinen in der Stadt Brandenburg. Das gotische Gotteshaus steht in der Neustadt und wurde Anfang des 15. Jahrhunderts von dem Stettiner Architekten Hinrich Brunsberg anstelle einer zuvor abgerissenen Feldsteinkirche gebaut.

gewanderten slawischen Volksstämme sowie deren Beziehung zu den später nachfolgenden deutschen Kolonisten. In seiner Darstellung bezog er deutlich Stellung für die Wenden, jenen Stamm der großen slawischen Völkerfamilie, der am weitesten nach Westen vorgedrungen war. Er widersprach landläufigen Vorurteilen und wies darauf hin, dass die Wenden, „noch eh es eine ‚Mark' gab, in demjenigen Landesteile wohnten, der später Mark Brandenburg hieß". Sie seien nach der Eroberung durch Albrecht den Bären im Jahr 1157 auch keineswegs vertrieben worden, wie einzelne Historiker behaupteten, sondern hätten sich mit den deutschen Einwanderern vermischt. Und was die Entwicklung ihrer Kultur anging, war, so meinte Fontane, „die Superiorität der Deutschen (...) weniger groß, als deutscherseits vielfach behauptet worden ist."

Als die Wenden in der Mark unterworfen waren, begann eine systematische Germanisierung der

„Wer hier in der Dämmerstunde des Weges kommt und plötzlich zwischen den Pappeln hindurch diesen still einsamen Prachtbau halb märchenhaft, halb gespenstig auftauchen sieht, dem ist das Beste zuteil geworden", so urteilte Fontane über den Klosterbau von Chorin. Ein Bild vollendeter Harmonie bietet die reich gegliederte Westfassade der Kirche mit den fein gearbeiteten Maßwerkfenstern, schmückenden Bauelementen und den abschließenden Türmchen des Giebelfeldes.

slawischen Gebiete östlich der Elbe. Es kamen Ordensgemeinschaften, allen voran die Zisterzienser, die sich der Aufgabe widmeten, das Land für eine weitere Kolonisierung vorzubereiten. Die ersten Mönche erschienen 1180 in der Mark. Als Pioniere und Kulturbringer fanden sie hier ideale Bedingungen vor. Sie rodeten Wälder, legten Wiesen und Sümpfe trocken, forcierten Ackerbau und Viehzucht, gründeten Krankenhäuser und bereiteten den Boden, auf dem der Geist des Christentums wachsen konnte. Unter den einundzwanzig märkisch-lausitzischen Zisterzienserklöstern, die Fontane aufzählte, war das Kloster Lehnin das wichtigste, gleichsam ein Mutterkloster für die gesamte Gegend, aus dem auch Chorin hervorging. Heute bestehen die meisten dieser ehemaligen Ordenshäuser nur als Ruinen oder sind anderen Zwecken zugeführt worden, und kaum jemand macht sich noch Gedanken darüber, dass sie das Fundament bildeten, auf dem das Land aufge-

Das im Jahre 1180 gegründete Kloster Lehnin war die erste Niederlassung der Zisterzienser in der Mark Brandenburg. Die ersten Mönche kamen aus Sittichenbach bei Eisleben. Als Pioniere und Kulturbringer rodeten sie Wälder, betrieben Landwirtschaft und verbreiteten den Geist des Christentums. In ihrem klösterlichen Bezirk gründeten sie Schulen und Versorgungseinrichtungen, bauten Werkstätten, Wirtschaftsgebäude und Gästehäuser. „Alle diese Schöpfungen", schrieb Fontane, waren „eine gotische Stadt im Kleinen".

baut wurde. „Das Gedächtnis an sie", schrieb Fontane, „und an das Schöne, Gute, Dauerbare, das sie geschaffen, ist geschwunden: uns aber mag es geziemen, darauf hinzuweisen, dass noch an vielen hundert Orten ihre Taten und Wohltaten zu uns sprechen. Überall, wo in den Teltow- und Barnim-Dörfern, in der Uckermark und im Ruppinischen alte Feldsteinkirchen aufragen mit kurzem Turm und kleinen niedrigen Fenstern, überall, wo die Ostwand einen chorartigen Ausbau, ein sauber gearbeitetes Sakristeihäuschen (...) zeigt, überall da mögen wir sicher sein – hier haben Zisterzienser gebaut und der Kultur und dem Christentum die erste Stätte bereitet." In mancher Hinsicht könnte das Land heute wieder die Zisterzienser gebrauchen.

Wo Straßen Wasserwege sind: der Spreewald

„Mit Tagesanbruch haben wir Lübben, die letzte Station, erreicht und fahren nunmehr am Rande des hier beginnenden Spreewaldes hin, der sich anscheinend endlos, und nach Art einer mit Heuschobern und Erlen bestandenen Wiese, zur Linken unseres Weges dehnt. Ein vom Frühlicht umglühter Kirchturm wird sichtbar und spielt eine Weile Verstecken mit uns; aber nun haben wir ihn wirklich und fahren durch einen hochgewölbten Torweg in Lübbenau, ‚die Spreewald-Hauptstadt', ein."

Der Bericht einer Spreewaldfahrt gehört zu den allerersten Reisefeuilletons, die Fontane in seiner Eigenschaft als „Wanderer" geschrieben hat. Unterteilt in vier Kapitel, erschienen die Auf-

Charakteristisch für das einzigartige Landschaftsbild des Spreewaldes ist ein mannigfach verzweigtes Geflecht von Flussverästelungen, das eine 75 Kilometer lange und bis zu 15 Kilometer breite Niederung durchzieht. Wer sich mit dem Boot diese amphibische Landschaft erschließen möchte, braucht gute Gebietskenntnisse und einen ausgeprägten Orientierungssinn, um in dieser Wasserwelt nicht verloren zu gehen.

Noch heute ist in dem weit verzweigten Netz der Spreeverästelung das Boot ein wichtiges Verkehrsmittel. Viele Häuser wie hier in Lehde haben Anschluss an das Wasserwegenetz.

sätze bereits im Spätsommer 1859 in der „Preußischen Zeitung". Vom wirtschaftlichen Standpunkt gesehen, hatte Fontane das Unternehmen „als ein ziemlich trauriges business" bezeichnet. Doch er sah den Wert dieser Arbeit mehr in ihrer Bedeutung als Visitenkarte für Redaktionen. Außerdem dienten die Veröffentlichungen dem Zweck, Vorstudien für seine „große Arbeit" zu sein. Zweiundzwanzig Jahre später gingen die Texte gekürzt und umgearbeitet als Eröffnungskapitel in den vierten und letzten, dem Spreeland gewidmeten Band der „Wanderungen" ein.

Der Spreewald, heute ein Biosphärenreservat, bietet ein für Mitteleuropa einzigartiges Land-

schaftsbild, dessen Eigentümlichkeit Fontane mit dem Zauber von Venedig verglichen hat. Er ist geprägt von einem weit verzweigten Geflecht von Flussverästelungen, das ungefähr eine 75 Kilometer lange und bis zu 15 Kilometer breite Niederung nordwestlich von Cottbus durchzieht. Aufgrund des geringen Gefälles in diesem Abschnitt verzweigt sich die Spree mit ihren Zuflüssen und bildet eine Vielzahl kleinerer Bäche, die hier als Fließe bezeichnet werden. Auf den bewaldeten Inseln dazwischen, den Kaupen, liegen die Siedlungen. Ursprünglich war das gesamte Gebiet vollständig bewaldet. Mit zunehmender Erschließung und steigendem Bedarf an Nutzholz, Äckern und Wiesen ist

Der zu Lübbenau gehörende Ortsteil Lehde, in dem etwa 150 Menschen leben, hat den Charakter eines typischen Spreewalddorfes bewahren können, der vor allem auch in der alten Holzbauweise der Blockhäuser sichtbar wird. In der Vergangenheit war der Ort nur über den Wasserweg erreichbar.

der einstige Auenwald allerdings stark zurückgedrängt worden.

Die etwa dreihundert natürlichen Wasserarme, denen zur Steuerung der Wasserführung und zur Verbesserung der wirtschaftlichen Nutzung des Landes weitere künstlich geschaffene Kanäle hinzugefügt wurden, bilden das innere Wegesystem des Spreewalds. In der Vergangenheit stellten sie die einzige Verbindung zwischen den verstreut liegenden Höfen und den Ortschaften her. Folglich war ohne Kahn ein Leben im Spreewald nicht denkbar: Mit ihm wurde die Ernte eingeholt und zu Markte gefahren; er brachte die Kinder zur Schule, den Arbeiter an seinen Arbeitsplatz und den Arzt ans Krankenbett; mit ihm kam der Kirchenbesucher zum Gottesdienst und der Verstorbene zu seiner letzten Ruhestätte. Heute noch wird im Spreewalddorf Lehde die Post per Kahn zugestellt. Wenngleich ihre wirtschaftliche Bedeutung nach der Trockenlegung des ehemals sumpfigen Geländes und mit dem Ausbau des Wegenetzes zurückgegangen ist, werden die romantischen Wasserstraßen als Transportwege zwischen Feld, Hof und Nachbarort immer noch genutzt.

Von seinen beiden Teilen, dem Unter- und Oberspreewald, ist letzterer die bekanntere und stärker besuchte Region. In diesem von Lübben bis Burg reichenden Abschnitt ist die Stromverwilderung am stärksten ausgeprägt und somit der Charakter einer Fluss-Insel-Landschaft besonders augenfällig.

Als Fontane vor mehr als eineinhalb Jahrhunderten den Spreewald besuchte, hat er wohl kaum vorausahnen können, dass sich dieses Gebiet bald zu einem der beliebtesten Ausflugsziele des Berliner Umlands entwickeln sollte. Um den regionalen Fremdenverkehr hatte sich damals der Direktor der Königlichen Kunstgewerbeschule in Görlitz, Professor Woite, verdient gemacht. Ab 1882 kam er jährlich für mehrere Wochen in den Spreewald, und ihm verdankt auch der Gasthof in Lehde seinen bekannten Namen „Zum fröhlichen Hecht". Mit dem Besitzer des Lokals kreierte er einen Prospekt, in dem für Lehde als „Klein-Venedig" und „Fundgrube für Maler" geworben wurde. Die Resonanz auf

„Einzelne Häuser werden sichtbar; wir haben Lehde, das erste Spreewalddorf erreicht. Es ist ein bäuerliches Venedig, die Lagunenstadt im Taschenformat (...). Man kann nichts Lieblicheres sehen als dieses Lehde, das aus ebenso vielen Inseln besteht, als es Häuser hat." Wie zu Fontanes Zeiten gehört eine Kahnfahrt zu den Höhepunkten eines Spreewaldaufenthaltes.

diese Aktion blieb nicht aus, und bald traf sich hier im versteckten Winkel des Spreewalds ein kunstbeflissenes Völkchen, das nicht nur von den Motiven begeistert war, sondern auch an den regelmäßig veranstalteten Künstlerfesten, den sogenannten Italienischen Nächten, Gefallen fand. Auch heute noch ist das Gasthaus „Zum fröhlichen Hecht" ein beliebtes Ausflugsziel.

Mittlerweile kommen jährlich etwa eine Million Besucher in den Spreewald, um auf dem Wasserweg von Lübben, Lübbenau oder Burg aus, die Schönheit dieser Landschaft zu erfahren. Die Spreewald-Gondolieri haben dabei Hochkonjunktur. Nach alter Tradition werden die flachen Kähne von den Fährleuten per Hand mit vier Meter langen Staken vorwärtsbewegt. Die Fahrt führt über stille, von Birken, Pappeln, Eschen und Eichen beschattete Fließe vorbei an alten Bauernhäusern, Gärten und Wiesen mit ihren zwiebelförmigen Heuschobern. Meist wird der Ausflug an einer der idyllischen Waldgaststätten unterbrochen.

Besonders beliebt ist noch heute die einstündige Kahnfahrt von Lübbenau in das typische Spreewalddorf Lehde. „Gleich die erste halbe Meile ist ein landschaftliches Kabinettstück und wird insoweit durch nichts Folgendes übertroffen, als es die Besonderheit des Spreewaldes: seinen Netz- und Inselcharakter, am deutlichsten zeigt", schreibt Fontane und setzt, nachdem der Kahn Lehde erreicht hat, fort: „Es ist die Lagunenstadt im Taschenformat, ein Venedig, wie es vor 1 500 Jahren gewesen sein mag, als die ersten Fischerfamilien auf seinen Sumpfeilanden Schutz suchten. Man kann nichts Lieblicheres sehen als dieses Lehde, das aus ebenso vielen Inseln besteht, als es Häuser hat." Das gilt auch heute noch. Die Spree bildet die Dorfstraße, und die in sie einmündenden Gassen sind Seitenkanäle des Hauptarms. Schilfgedeckte Blockhäuser mit kleinen Fenstern, umstellt von rankenden Blumen und Obstbäumen, sind ein reizvoller Anblick.

Auf einer größeren Insel des Dorfes kann man ein Freilichtmuseum mit Wohn- und Wirtschaftsgebäuden, wie sie früher im Spreewald üblich waren, besichtigen und sich mit der Lebensweise der sorbischen Bauern vertraut machen. Denn der Spreewald ist, wie schon die zweisprachig abgefassten Ortsschilder erkennen lassen, Heimat der Sorben, auch Wenden genannt. Sie sind Nachfahren eines westslawischen Volkes, das zwischen dem 6. und 8. Jahrhundert in die Gebiete der Nieder- und Oberlausitz eingewandert ist. In der Abgeschlossenheit der nur schwer zugänglichen Spreewald-Landschaft konnten sie ihre sprachliche und kulturelle Zugehörigkeit bis zum heutigen Tag erhalten.

Wie schon zu Fontanes Zeiten betrachtet man Lübbenau – auf sorbisch: Lubnjow – als die eigentliche „Spreewald-Hauptstadt". Sie ist aber nicht nur das Haupttor zum Oberspreewald, sondern auch ein Zentrum der Gemüseverarbeitung. Gurken, Meerrettich und Kürbis sind

Fontane auf Schritt und Tritt – hier in Lübbenau begegnet man dem Dichter als Name einer Gaststätte. Der Ort ist die heimliche Hauptstadt des Spreewaldes und dank seiner großen Hafenanlage ein beliebter Ausgangpunkt für Kahnfahrten oder auch Touren mit dem Paddelboot.

97

Häuserzeile am Altmarkt von Lübbenau. Im Jahre 1476 nannte man den Ort „Städtlein", aber erst dreißig Jahre später erhielt er das Stadtrecht. Ein Rathaus hatte es damals allerdings noch nicht.

bekannte Spreewaldprodukte und gehen von hier in alle Welt. Auch heute noch kann der Reisende die Stadt durch den hochgewölbten Torweg des 1850 erbauten ehemaligen Rathauses betreten. Über den Marktplatz gelangt er zur Pfarrkirche, in der Fontane einst einer wendischen Predigt gelauscht hat. Als erwähnenswert erschien ihm dabei, dass der Pastor für die nachfolgenden Gemeindenachrichten wie Aufgebote, Geburts- und Todesanzeigen die deutsche Sprache benutzte und schloss daraus: „Die Predigt, die mehr dem Ideale dient, durfte noch wendisch sein; aber sowie sich's um ausschließlich praktische Dinge zu handeln beginnt, sowie festgestellt werden soll, was im Spreewalde lebt und stirbt, wer darin heiratet und getauft wird, so geht es mit dem Wendischen nicht länger. Der Staat, der bloß mit deutschem Ohre hört, und nicht Zeit hat, in aller Eil auch noch Wendisch zu lernen, tritt mit der nüchternsten Geschäftsmiene dazwischen und ver-

langt *deutsches* Aufgebot und *deutsche* Tauf-
scheine. Wer wollte ihm das Recht dazu bestreiten?"

Von der Kirche ist es nicht weit zum Hafen, an
den das Schlossgelände mit einem Landschaftspark grenzt. Das ursprünglich auf den Grundmauern einer mittelalterlichen Wasserburg
errichtete Renaissanceschloss, ab 1621 Sitz der
Grafen von Lynar, wurde von 1818 bis 1820 nach
Entwürfen von Carl August Benjamin Siegel in
einen klassizistischen Bau umgewandelt. 1839
erhielt das Schloss sein heutiges Aussehen. Nach
umfassenden Renovierungsarbeiten in jüngster
Zeit wird es jetzt als Hotel und Tagungsstätte
genutzt. Am Rande des Parks stehen die gräfli-

Der Säulengang an der historischen Orangerie, die
zum Schloss Lübbenau
gehört, unterstreicht ihr
klassizistisches Gepräge.
Ursprünglich für den
Anbau exotischer Pflanzen
vorgesehen, wird das
Gebäude heute für Veran-
staltungen privater Anlässe
genutzt.

Die spätgotische Hallen-
kirche von Lübben würdigt
das Andenken an den pro-
testantischen Liederdichter
Paul Gerhardt, der hier von
1669 bis zu seinem Tode
1676 gewirkt hat und im
Chorraum der Kirche beigesetzt wurde. Auf einem
Bleiglasfenster ist sein
Brustbild zu sehen.

che Kanzlei, in der von 1951 bis 1999 das Spreewaldmuseum untergebracht war, sowie die
Orangerie, die heute als Veranstaltungsort
genutzt wird.

Die ursprünglich wichtigere Spreewaldstadt
aber war Lübben. Aus dem alten sorbischen Burg-
ort Lubin hervorgegangen, war es zeitweise
Hauptstadt der Niederlausitz. Von der ehemaligen Stadtmauer sind noch geringe Teile mit Eckturm und Wiekhaus erhalten. Zu den wenigen
Gebäuden der Altstadt, die die Angriffe in den
letzten Kriegstagen 1945 überstanden haben,
gehört die Stadtkirche aus dem 15./16. Jahrhundert. Seit 1930 trägt sie den Namen des protestantischen Liederdichters Paul Gerhardt
(1607–1676), der 1669 nach Lübben kam und hier
bis zu seinem Tode als Pfarrer wirkte. Zuvor war
er von 1651 bis 1657 Probst in Mittenwalde und
wurde anschließend als Diakonus an die Berliner Nikolaikirche berufen. Wegen theologischer
Lehrstreitigkeiten zwischen Reformierten und

Lutheranern musste er sein dortiges Amt 1666
aufgeben. Im Altarraum der Lübbener Stadtkirche hängt ein lebensgroßes Bild Paul Gerhardts,
das einzige, das zu seinen Lebzeiten gemalt worden ist. Sehenswert ist auch das Denkmal vor
der Kirche, das 1907 zu seinem 300. Geburtstag
errichtet worden ist.

Und „wer reist nach Mittenwalde", in die nur 31
Kilometer südlich vom Zentrum Berlins gelegene Stadt, in der Paul Gerhardt sehr wahrscheinlich einige seiner schönsten Lieder
geschrieben hat, so fragte Fontane, um gleich
darauf die Antwort zu geben: „Tausende wall-
fahrten nach Gohlis, um das Haus zu sehen,
darin Schiller das Lied ‚An die Freude' dichtete.
Mittenwalde besucht niemand, und doch war es
in seinem Probsteigarten, dass ein anderes, grö-
ßeres Lied an die Freude gedichtet wurde, das
große deutsche Tröstelied: ‚Befiel du deine
Wege'."

Fontane-Orte von A bis Z
Ruppiner Land

Altfriesack

Klappbrücke über den Rhinkanal in Wustrau-Altfriesack

Der kleine mit → Wustrau zur Gemeinde Fehrbellin gehörende Fischerort Altfriesack liegt auf einer Insel zwischen dem Ruppiner See und dem südlich anschließenden Bützsee. Sehenswert ist dort eine unter Denkmalschutz stehende Klappbrücke über den Rhinkanal, deren Vorgängerbau bereits 1421 urkundlich erwähnt wurde. Ursprünglich nach holländischem Vorbild geschaffen, wurde sie 1994 erneuert.

Für Outdoor-Liebhaber und Kanufreunde gibt es in Altfriesack einen Rastplatz für Wasserwanderer.

Information
www.altfriesack.de

Kanutouren und -verleih
KanuCamp Altfriesack
Triftweg 3
16818 Altfriesack
T. 033925 90163
www.altfriesack.de/kanu

Fontaneweg um den Tornowsee

Ein Haus mit Vergangenheit: Die Geschichte der Boltenmühle reicht in die Zeit nach dem Dreißigjährigen Krieg (1618–1648) zurück. Obwohl sich das Mühlrad jetzt immer noch dreht, hat sie ihre ursprüngliche Funktion eingebüßt. Heute ist sie Gaststätte und ein beliebtes Ausflugsziel (Foto oben).
www.boltenmuehle.de

Eine Perle der Ruppiner Schweiz ist der Tornowsee: Ruhig gelegen, glasklares Wasser, kein privater Motorbootverkehr (Foto rechts).

Im Herzen der Ruppiner Schweiz liegt, umgeben von den bewaldeten, bis zu 85 Meter hohen Endmoränenhügeln, der Tornowsee – ein glitzerndes Juwel inmitten einer kaum besiedelten, stillen Landschaft. Er ist das nördlichste schiffbare Gewässer der Ruppiner Seenkette, die von Neuruppin bis nahe an die Rheinsberger Gegend reicht, und zu der auch der Molchow-, Zermützel- und Tietzensee gehören. Um den Tornowsee führt ein etwa sieben Kilometer langer Rundweg, der als Fontaneweg ausgewiesen ist. Als Start empfiehlt sich der Parkplatz an der Zufahrtstraße zur Boltenmühle – knapp 15 Kilometer nördlich von → Neuruppin. Die Mühle wurde 1718 auf Anregung König Friedrich Wilhelm I. errichtet und ist heute eine beliebte Ausflugsgaststätte mit Blick auf den See.

Auch Fontane wanderte in diesem Seen- und Waldgebiet und erinnerte sich noch 14 Jahre später an die „erlebnisreiche Reise".

Gransee

Die Gründung der Stadt Gransee durch den Markgrafen Johann I. von Brandenburg reicht in das Jahr 1262 zurück. Ihre Glanzzeit erlebte sie im 16. Jahrhundert. „Damals gedieh alles, und das Kleinbürgertum wuchs fast über sich hinaus. Eine achtzehn Fuß hohe Mauer mit fünfunddreißig Wachtürmen besetzt, umzirkte die Stadt, aus deren Mitte die Marienkirche aufstieg", schrieb Fontane. „Es war eine feste Stadt, vielleicht die festeste der Grafschaft." Heute wird erzählt, dass Besucher, die im 14. Jahrhundert an Markttagen Gransee betreten wollten, Steine im Gepäck mitzubringen hatten, die als Material für den Mauerbau dringend benötigt wurden.

Wer hingegen heute die Stadt besucht, sollte einen offenen Blick mitbringen, um sich deren Schönheiten zu erschließen.

Zu der noch fast vollständig erhaltenen mittelalterlichen Stadtbefestigung gehört das **Ruppiner Tor**, ein spätgotischer Backsteinbau mit Spitzbogenblenden aus der ersten Hälfte des 15. Jahrhunderts. Seitlich am Tor ist eine weitere gemauerte Durchfahrt angefügt, das sogenannte **Waldemartor**. Dessen Ursprung geht auf eine Geschichte zurück, die Willibald Alexis in seinem Roman „Der falsche Waldemar" erzählt hat. Der falsche Waldemar – oder auch Woldemar – war ein Hochstapler, der sich als der alte brandenburgische Markgraf Woldemar eine falsche Identität zugelegt hatte und von 1348 bis 1350 von Karl IV. mit der Mark Brandenburg belehnt wurde. Als der Schwindel aufgefallen

Zeugen der mittelalterlichen Stadtbefestigung in Gransee: Pulverturm (Foto oben) und Ruppiner Tor (Foto unten)

war, sollen einer weiteren Überlieferung zufolge alle Städte, die dem falschen Waldemar ihre Tore geöffnet hatten, vom Landesherren bestraft worden sein, indem sie die Tore zumauern mussten, durch die man dem Schwindler Einlass gewährt hatte. Daraufhin entstanden dicht neben diesen bereits bestehenden neue reich gegliederte Tore im gotischen Stil, durch die nun der Verkehr geleitet wurde. Erst im Jahr 1818 erlaubte der preußische König Friedrich Wilhelm III. die Vermauerung wieder zu beseitigen, da der schmale Durchlass mit dem zunehmenden Wachstum der Städte nicht mehr verkehrstauglich war. Somit bekam die Stadt einen zweiten Zugang.

In der Nacht vom 25. auf den 26. Juli 1810 erreichte ein Trauerzug die Tore der Stadt. Von den städtischen Vertretern in Empfang genommen, wurde dieser zu einem Platz weiter geleitet, der heute den Namen **Luisenplatz** führt. Sechs Tage zuvor war die preußische Königin Luise auf Schloss Hohenzieritz in Mecklenburg gestorben. Bei der Überführung nach Berlin verbrachte der Trauerzug eine Nacht in Gransee. Zur Erinnerung an die nächtliche Aufbahrung der toten preußischen Königin wurde dort das **Luisendenkmal** nach Plänen von Karl Friedrich Schinkel errichtet. Es besteht aus einem filigran gearbeiteten, von Säulen getragenen, gusseisernen Baldachin, unter dem der Sarg mit folgenden Inschriften an Kopf- und Fußende ruht: „Dem Andenken der Königin Luise Auguste Wilhelmine Amalie von Preußen" und „Geb. den 10.

Denkmal für die Preußenkönigin Luise, deren Sarg mit ihren sterblichen Überresten während der Überführung von Hohenzieritz nach Berlin eine Nacht lang in Gransee stand

Blick durch das Innenschiff der Marienkirche. Die Orgel ist ein Werk von Joachim Wagner von 1744.

März 1776, gest. den 19. Julius 1810. Nachts den 25. Julius stand ihre Leiche hier."

Unter den architektonisch bedeutsamen Bauten Gransees steht die **Marienkirche** an erster Stelle. Sie ist eine spätgotische Hallenkirche aus dem 14. Jahrhundert mit romanischen Wurzeln. „Was diese Kirche, die von keiner in der Grafschaft übertroffen wird, auch schon äußerlich auszeichnet, ist die reiche Verwendung des vierblättrigen Kleeblatts", bemerkte Fontane. Zu den wertvollen Stücken der Innenausstattung gehören ein gemalter Flügelalter aus dem 16. Jahrhundert sowie eine Triumphkreuzgruppe, die um 1500 geschaffen wurde. Von April bis Oktober finden hier Musikveranstaltungen statt.

Unter Verwendung von Teilen einer im 13. Jahrhundert existierenden Feldsteinbasilika entstand die heutige gotische Hallenkirche von Gransee.

Information
Rudolf-Breitscheid-Straße 44
www.gransee-info.de

Großer Stechlin

„Was ist der Stechlin?"

„Das ist ein See."

„Ein See, das besagt nicht viel. (...) Was hat der Stechlin? Ich vermute Steckerlinge [eine Stichlingsart]."

„Nein Gräfin, die hat er nun gerade nicht. (...) Er hat Weltbeziehung, vornehme, geheimnisvolle Beziehungen und nur alles Gewöhnliche, wie beispielsweise Steckerlinge hat er nicht." (...)

„Nun also, was ist es? Worin bestehen seine vornehmen Beziehungen?"

„Er steht mit den höchsten und allerhöchsten Herrschaften (...) auf du und du. Und wenn es in Java oder auf Island rumort oder der Geysir mal in Doppelhöhe dampft und springt, dann springt auch in unserem Stechlin ein Wasserstrahl auf, und einige, wenn es auch noch niemand gesehen hat, einige behaupten sogar, in ganz schweren Fällen erscheine zwischen den Strudeln ein roter Hahn und krähe hell und weckend in die Ruppiner Grafschaft hinein. Ich nenne das vornehme Beziehungen."

Der kurze Dialog zwischen der Gräfin Melusine und dem alten Rittmeister Stechlin stammt aus Fontanes letztem großen Roman „Der Stechlin" und stellt die Magie dieser Örtlichkeit in den Vordergrund. Mit der Geschichte eines fiktiven Adelsgeschlechtes hat der Dichter dieses sagenumwobene Gewässer, das im Nordosten der alten Grafschaft Ruppin inmitten des Menzer Forsts verborgen liegt, zu literarischem und – nachdem der Roman 1975 verfilmt wurde – auch zu cineastischem Ruhm verholfen.

Der Große Stechlin, Fontanes „Zaubersee", leuchtet im Widerschein der untergegangenen Sonne. Eine geheimnisvolle Kraft scheint in dem 70 Meter tiefen Gewässer verborgen zu sein.

„Hundert Jahre haben hier wenig oder nichts geändert", stellte Fontane einst fest, und das gilt mit Einschränkungen auch heute noch.

Der Große Stechlin entstand Ende der letzten Eiszeit vor etwa 12 000 Jahren aus dem Schmelzwasser eines riesigen Toteisblocks und ist mit 70 Metern der tiefste See Brandenburgs. Der Name wird von *steklo* hergeleitet, dem slawischen Wort für Glas. Diese Deutung erscheint recht einleuchtend, denn in der Vergangenheit entstanden hier im Umkreis verschiedene Glashütten, für die der Holzreichtum des Menzer Forsts ein wirtschaftlicher Segen war. So steht auch die Gründung der Ortschaft **Neuglobsow**, die zwischen dem Stechlin- und Dagowsee liegt, im Jahre 1780 mit einer Glashütte in Verbindung, die bis zum Jahre 1900 grünes Tafelglas herstellte. „Ein Feuerschein lag bei Nacht und eine Rauchsäule bei Tage über dem Walde", notierte Fontane. Feuerschein und Rauchsäule sind mittlerweile verschwunden. In Neuglobsow erin-

Eines der ältesten Gebäude in Neuglobsow ist die Gaststätte und Pension „Fontanehaus".

In der schlossähnlichen Villa „Haus Bernadotte" wohnte die Tochter eines wohlhabenden Berliners, die in die schwedische Familie derer von Bernadotte eingeheiratet hatte.

nern nur noch die Fachwerkhäuser der Glasmacher an diese Zeit. In einem dieser Häuser, in der Stechlinseestraße, befindet sich seit 2001 eine Ausstellung, die mit vielen Informationen die Geschichte und das Handwerk der Glasherstellung erläutert.

Zu den ältesten Häusern gehört auch das „Fontanehaus", in dem einst ein Glasmacher lebte, der hier ein Wirtshaus betrieb, wo zur Freude seiner Arbeitskollegen kühles Bier und Branntwein ausgeschenkt wurden. Die Schänke gibt es immer noch, und die Gäste heutiger Tage schätzen es, im Garten unter der Linde zu sitzen, wo schon Fontane eine Ruhepause genossen hat.

Neuglobsow ist ein staatlich anerkannter Erholungsort und, da es die einzige Örtlichkeit am See ist, auch so etwas wie ein touristischer Mittelpunkt. Wegen seines klaren, nährstoffarmen Wassers liefert der Große Stechlin edlen Speisefisch und ist vor allem bei Badegästen sehr beliebt.

Tourist-Information Stechlin im Glasmacherhaus
Stechlinseestraße 21
16775 Stechlin OT Neuglobsow
T. 033082 70202
www.stechlin.de

Hakenberg

Unweit der Ortschaft, die etwa 20 Kilometer südlich von Neuruppin liegt, fand am 18. Juni 1675 die **Schlacht bei Fehrbellin** statt. Hier besiegte das Brandenburger Heer unter Führung von Kurfürst Friedrich Wilhelm (1620–1688) die bis dahin als unschlagbar geltende schwedische Armee des Königs Gustav Adolf (1594–1632). Dieser Sieg legte den Grundstein für Preußens Größe. Zur Erinnerung an dieses geschichtsträchtige Ereignis wurde um 1800 am Ortsausgang von Hakenberg in Richtung Linum ein **Denkmal** in Form eines von einem Gitter umschlossenen Vasenpostaments errichtet. Von dort führt eine Lindenallee zu der Stelle, wo Kurfürst Friedrich Wilhelm die Schlacht gelenkt haben soll. Der Sieg brachte ihm die Bezeichnung „Großer Kurfürst" ein. Zum 200. Jahrestag wurde dort auf einem künstlich aufgeschütteten Hügel der Grundstein für ein weiteres Denkmal gelegt: ein 30 Meter hoher **Aussichtsturm**, den ein vergoldeter Bronzenachguss der Viktoria von Christian Daniel Rauch bekrönt. In einer Nische des Turmsockels ist eine Marmorbüste des Großen Kurfürsten eingelassen.

Ein Vasenpostament mit der Inschrift „Hier legten die braven Brandenburger den Grund zu Preußens Größe" erinnert an die Schlacht von Fehrbellin.

Nicht weit davon entfernt steht das Siegesdenkmal als Aussichtsturm.

Lindow

Auch als Ruine zeigt das Konventgebäude des Prämonstratenser Nonnenklosters noch einen Schimmer der ursprünglichen Bauästhetik.

„Lindow ist so reizvoll, wie sein Name", schrieb Fontane. Der staatlich anerkannte Erholungsort liegt im Naturpark Stechlin-Ruppiner Land, umschlossen von einem Waldgebiet und drei Seen: Gudelack-, Wutz- und Vielitzsee, und verkörpert das typische Bild eines märkischen Idylls. Sein Ursprung ist eng verknüpft mit der Gründung eines **Prämonstratenser-Nonnenklosters** um das Jahr 1230 durch die Ruppiner Grafen von Arnstein. Sehr bald gehörte es zu den reichsten Einrichtungen dieser Art, das weitere Ansiedlungen nach sich zog. Nach Einführung der Reformation 1542 wurde der Klosterbesitz säkularisiert und noch im selben Jahr in ein evangelisches Damenstift umgewandelt, das bis 1945 existierte. Die letzte dort noch lebende Stiftsdame verstarb 1981. Das Kloster war eine wichtige Versorgungseinrichtung für die unverheirateten Töchter des Ruppiner Adels.

Während des Dreißigjährigen Kriegs (1618–1648) zerstörten kaiserliche Truppen große Teile der Anlage; dabei verbrannte auch die gesamte

Bibliothek einschließlich aller geschichtlichen Dokumente. In der nachfolgenden Zeit wurden die Ruinen zur Gewinnung von Baumaterial genutzt. So soll auch der Große Kurfürst 10 000 Ziegeln des Klosters für den Bau des Schlosses von Bötzow, dem späteren Oranienburg, verwendet haben.

Während die meisten Gebäude der ursprünglich vierflügeligen Klosteranlage im Laufe der Zeit verschwunden sind, blieb ein Teil des Konventgebäudes als Ruine erhalten und ist heute frei zugänglich, ebenso wie der parkähnliche Klosterfriedhof. In Fontanes Roman „Der Stechlin" kommt das Stift als „Kloster Wutz" zu literarischen Ehren.

Die **Stadtkirche** am Südende des Ortes ist ein von Georg Christoph Berger von 1751–1755 im barocken Stil errichteter Neubau. Im Rahmen der Lindower Sommermusiken finden dort jeden Sonnabend von Ende Juni bis Ende August klassische Konzerte statt.

In der Stadtkirche von Lindow finden während der Sommermonate Musikveranstaltungen statt.

Tourist-Information
Am Marktplatz 1
16835 Lindow

Lindower Sommermusiken
Evangelische Kirchengemeinde Lindow
Straße des Friedens 62
Infos unter T. 033933 70296
www.kirchengemeinde-lindow.de

Neuruppin

Neuruppin, seit 1998 mit dem Zusatz „Fontane-stadt" versehen, ist der traditionelle Hauptort der Region, eine ehemalige Garnisonsstadt und das Tor zur Ruppiner Schweiz. Es „hat eine schöne Lage – See, Gärten und der sogenannte Wall schließen es ein", schrieb Fontane über seine Geburtsstadt. In der traditionellen **Löwen-Apotheke** in der Karl-Marx-Straße 84 kam er am 30. Dezember 1819 zur Welt. Fontanes Vater hatte Haus und Apotheke im Jahr der Geburt seines Sohnes Theodor erworben, und war mit seiner Frau von Berlin in die märkische Kleinstadt gezogen. Das zweistöckige Gebäude, dessen Fassade ein Laubfries unter dem Traufgesims schmückt, wurde nach dem großen Stadtbrand von 1787 neu errichtet. Es befindet sich heute in Privatbesitz und kann nicht besichtigt werden. Der Besucher muss sich mit einem Blick in das Schaufenster der Apotheke begnügen, wo eine Schrifttafel über Leben und Wirken des Dichters informiert.

Ein goldfarbener Löwe wacht über dem Eingang des Hauses, in dem Theodor Fontane geboren wurde.

Bei der großen Feuersbrunst fielen Zweidrittel der mittelalterlichen Stadt den Flammen zum Opfer. Bei ihrem Wiederaufbau zwischen 1788 und 1803 entstand ein neues, einheitliches Stadtbild im frühklassizistischen Stil mit drei großen Plätzen und einem Netz von rechtwinklig aufeinander zulaufenden Straßen mit überwiegend zweigeschossigen Traufenhäusern.

Wer sich dem Stadtzentrum von Südwesten her nähert, kommt am **Fontane-Denkmal** vorbei. Es wurde von Professor Max Wiese geschaffen und 1907 am heutigen Fontaneplatz aufgestellt. Es zeigt den Dichter als Wanderer auf einer Marmorbank sitzen mit Notizblock und Bleistift in den Händen, während Spazierstock und Hut neben ihm abgelegt sind. Als Modell diente dem Bildhauer Fontanes Sohn Friedrich.

Mit einem weiteren, ebenfalls von Max Wiese entworfenen Denkmal am Kirchplatz ehren die Neuruppiner ihren zweiten großen Sohn der Stadt: **Karl Friedrich Schinkel**. Der bedeutendste Baumeister Preußens kam hier am 13 März 1781 als Sohn des Superintendenten Johann Cuno Christoph Schinkel und dessen Ehefrau Dorothea, geb. Rose zur Welt. Nach dem Stadtbrand und dem Tod des Vaters zog die Mutter mit ihren Kindern in das Pfarrwitwenhaus in der Fischbänkenstraße 8, wo Schinkel bis 1794 wohnte.

Bei einem Stadtrundgang fällt besonders das alte **Gymnasium** an der Karl-Marx-Straße wegen seiner kolossalen Dimensionen ins Auge. Allein die Wucht der Ausmaße musste auf die Schüler, zu denen für kurze Zeit auch Fontane gehörte, einschüchternd gewirkt haben. Der zweigeschossige Putzbau mit 25 Achsen entstand 1790 im Zuge des Wiederaufbaus der Stadt nach dem Brand unter der Bauleitung von Bernhard Matthias Brasch auf einem Platz, „auf dem wenigstens drei Kölner Dome hätten stehen können", wie Fontane bemerkte.

An der Ostseite der Stadt, in unmittelbarer Nähe des Ruppiner Sees, erhebt sich die alte **Klosterkirche St. Trinitatis** – das einzige bedeutende Bauwerk, das von dem bereits erwähnten Flächenbrand verschont blieb. Sie ist eine im gotischen Stil errichtete Backstein-Hallenkirche aus

Denkmal für Karl Friedrich Schinkel. Fontane hielt ihn für den bedeutendsten Mann, den die Stadt hervorgebracht hat.

Die ältesten Teile der Klosterkirche stammen aus dem 13. Jahrhundert; das mächtige Turmpaar kam erst 1905 hinzu.

Das Altarretabel wurde um 1400 aus Sandstein gefertigt.

Spätgotisches Netzgewölbe in der Siechenhauskapelle

Skulptur „Parzival am See"

dem Jahre 1246 mit einem später hinzugefügten neugotischen Turmpaar und gehörte dem benachbarten, mittlerweile nicht mehr existierenden Dominikanerkloster an. Zu ihrer besonderen Ausstattung zählen unter anderem ein gegen Ende des 14. Jahrhunderts geschaffenes Altarretabel aus Sandstein mit Szenen aus der Lebensgeschichte Christi sowie die Statue eines Dominikanermönchs, die um 1370/80 datiert wird und in dem man den Gründer und ersten Abt des Klosters, Wichmann von Arnstein, sieht. Wenige Schritte von der Klosterkirche entfernt, in der Siechenstraße, steht die **Laurentiuskapelle**. Der einschiffige spätgotische Backsteinbau stammt aus dem Jahre 1491 und gehörte zu einem Hospital, in dem Kranke und Sterbende versorgt wurden. Die Einrichtung, in dem sich heute ein Hotel mit Restaurant und Hofgarten befindet, zeigt nach detailgetreuer Rekonstruktion weitgehend das ursprüngliche Erscheinungsbild der Anlage. Die Kapelle mit einem spätgotischen Netzgewölbe und einer 100-jährigen Orgel des Neuruppiner Orgelbaumeisters Albert Hollenbach bietet Raum für stilvolle Veranstaltungen aus privaten Anlässen. Zu den historisch wertvollen Details zählen auch die am spitzbogigen Hauptportal angebrachten Tontafeln, die im Wechsel Christus an der Martersäule und den heiligen Franziskus darstellen.

Einen Kontrast zu den Türmen der Klosterkirche bildet die 1998 aufgestellte stählerne **Parzivalskulptur**, die an der Seepromenade 17 Meter hoch in den Himmel ragt und 1998 anlässlich der Verleihung des Namens „Fontanestadt" enthüllt wurde. Geschaffen hat sie Matthias Zágon Hohl-Stein. Der Künstler sieht in seinem „Parzival am See" ein Symbol für das moderne Neuruppin, einer zukunftsorientierten Stadt, und für die Fähigkeit, aus den Erfahrungen der deutschen Geschichte zu lernen. Nebenan starten die Schiffe der Fahrgastschifffahrt für Ausflüge über den Ruppiner See und in das Seengebiet der Ruppiner Schweiz.

Die kleine Seebrücke mit angedeutetem Pavillon ermöglicht ein paar Schritte über dem Wasser des Ruppiner Sees.

Die **Stadtkirche St. Marien** hatte den Stadtbrand nicht überstanden, 1801 auf dem nordöstlichsten der drei Plätze neu errichtet, wird sie seit 2002 als Kulturkirche genutzt, wo regelmäßig Konzerte, Kongresse und Ausstellungen stattfinden. Im Norden und Nordosten der Stadt sind noch Reste der **Stadtmauern** mit den zugehörigen Wällen und Gräben vorhanden. Unweit dieser Befestigungsanlagen hat Georg Wenzeslaus von Knobelsdorff 1732–1736 für die Freizeitvergnügungen des 20-jährigen Kronprinzen Friedrich, dem sein Vater das Regiment der Garnisonsstadt anvertraut

Ein Hauch von Orient weht durch dieses Portal, das in den Neuruppiner Amaltheagarten führt.

Ein altes Erbstück der Familie Fontane. „(...) es war, glaub' ich in der Ordnung, dass ich den Wunsch hegte, dermaleinst bei dem Schlag derselben Uhr sterben zu können, bei deren Ticktack mein Vater und mein Großvater gestorben sind (...)", schrieb Fontane nach dem Tod seines Vaters an seinen Schwager.

hat, einen Park angelegt, den sogenannten **Amalthea- oder Tempelgarten**, dessen Mittelpunkt ein Apollotempel bildet. Seine heutige Gestalt bekam der Garten ab Mitte des 19. Jahrhunderts durch den Neuruppiner Kaufmann Johann Christian Gentz, der den Park in seinen Besitz gebracht hatte, um das Andenken an den Aufenthalt Friedrichs zu bewahren. Auf sein Betreiben hin entstanden u.a. die Villa, das Gärtnerhaus mit stilisiertem Minarett, das Tor im maurischen Stil, die Skulpturen sowie die Nordmauer mit Bastion.

Für alle, die den Spuren Fontanes folgen, ist der Besuch des **Museums** in der August-Bebel-Straße 14–15 eine Quelle der Inspiration und reichhaltiger Information. Schon der Dichter selbst dürfte bei seinen Recherchen hier ein- und ausgegangen sein, da die museale Einrichtung bereits 1865 bestand. Die Ausstellungsthemen befassen sich mit der Frühgeschichte im Ruppiner Land, der Stadtgeschichte und schlagen dabei den Bogen in die Gegenwart. Einen besonderen Schwerpunkt bilden einige Neuruppiner Persönlichkeiten, die das Ansehen der Stadt geprägt haben.

Information
www.tourismus-neuruppin.de
oder im
Tourismus-Service BürgerBahnhof am Bahnhof Rheinsberger Tor
www.tourismus-neuruppin.de

Rheinsberg

Die Stadt liegt sehr malerisch zwischen der Ruppiner Schweiz und dem Rheinsberger Seengebiet, das aus einer Vielzahl kleiner und größerer Gewässer besteht und das über den Müritz-Havel-Kanal mit dem großen Müritz-See verbunden ist.

Wer den Namen Rheinsberg hört, denkt vielleicht an Kurt Tucholskys „Bilderbuch für Verliebte", oder an Theodor Fontane, dessen romantische Erinnerung an eine Kahnfahrt über den Rheinsberger See ihn in seinem Entschluss, durch die Mark Brandenburg zu wandern und darüber zu berichten, bestärkt hatte. Mit Sicherheit wird man aber Rheinsberg mit dem **Schloss** in Verbindung bringen, wo Kronprinz Friedrich, der spätere König Friedrich II., die glücklichsten Jahre seines Lebens verbrachte, wo er sich fern von den Blicken seines strengen Vaters ungestört der Philosophie, den schönen Künsten und wissenschaftlichen Studien widmen konnte.

1734 hatte König Friedrich Wilhelm I. die im Norden der Mark gelegene Herrschaft, die ein altes Besitztum der Adelsfamilie von Bredow war, erworben und seinem Sohn geschenkt. Mit diesem Eigentum, das damals aus einem einfachen Wasserschloss bestand, sollte dem Kronprinz mit seiner Gemahlin, Elisabeth Christine von Braunschweig, eine eigene standesgemäße Hofhaltung ermöglicht werden. Sogleich begannen umfangreiche An- und Umbauten, mit denen Johann Gottfried Kemmeter (geb. Ende des 17. Jahrhunderts, gest. 1748) und später auch Georg Wenzeslaus von Knobelsdorff (1699–1753) beauftragt wurden. Dabei entstanden unter anderem eine Dreiflügelanlage mit seeseitigen Kolonnaden, die Bibliothek und der Marmor- bzw. Spiegelsaal mit dem Deckengemälde des preußischen Hofmalers Antoine Pesne (1683–1757) „Apoll vertreibt die Nacht". Schon

Stadtseite des Rheinsberger Schlosses. Hier schuf sich Kronprinz Friedrich einen Musenhof, in dem täglich musiziert wurde.

im Herbst 1736 konnte der Kronprinz mit seinem Gefolge von Neuruppin übersiedeln. Er blieb vier Jahre, bis er im Juni 1740 die Nachfolge seines Vaters antrat und den Thron bestieg. Vier Jahre später schenkte er den Besitz seinem jüngeren Bruder Prinz Heinrich, der in Rheinsberg ab 1753 bis zu seinem Tod residierte. Nach seinem Einzug widmete sich der neue Hausherr dem Ausbau und der Verschönerung von Schloss und dem dazugehörigen Park. Zu den bedeutendsten baulichen Veränderungen gehörte vor allem der 1766 geschaffene **Muschelsaal**, den Carl Gotthard Langhans entworfen hat.

Auch aus Friedrichs Zeit sind im Inneren des Schlosses noch einige Spuren zu finden. Dazu

gehören unter anderem das ehemalige Musikzim-
mer, das Bacchuskabinett im Obergeschoss des
Nordflügels sowie im Turmkabinett, der ehemaligen Bibliothek, das Deckenbild mit der Kriegsgöttin Minerva als Beschützerin von Kunst und
Wissenschaft, das Antoine Pesne geschaffen hat.

Orangerierondell im
Schlosspark von Rheins-
berg

Bei Besuchern besonders beliebt ist ein Gang
durch den öffentlich zugänglichen Park, der
Schloss und See miteinander verbindet. Er ist
eine gelungene Komposition aus Rasenflächen,
Blumenbeeten, Statuen und sandfarbenen
Wegen. Auf der gegenüberliegenden Uferseite
erhebt sich ein **Obelisk**, den Fontane als „vielleicht (...) die größte Sehenswürdigkeit Rheins-
bergs" bezeichnete. Er wurde vom Prinzen Heinrich zum Andenken an seinen Bruder August
Wilhelm (1722–1758), der als Generalmajor in
der preußischen Armee gedient hat, errichtet.
Mit dieser Säule werden aber auch preußischer
Helden des Siebenjährigen Kriegs (1756–1763)
gedacht und aller, wie eine Inschrift besagt, die

121

Egeriagrotte im Rheinsberger Schlosspark, die nach dem Vorbild des Nymphäum der Egeria in Rom gebaut wurde.

„durch Tapferkeit und Einsicht verdient haben, dass man sich ihrer auf immer erinnert".

Von den kleineren noch erhaltenen Baudenkmälern im Park sei besonders die **Grabpyramide** für den Prinzen Heinrich erwähnt, die dieser selbst kurz vor seinem Tode als letzte Ruhestätte entworfen hat. Eine von ihm verfasste Inschrift ist am Eingang angebracht. Weitere Aufmerksamkeit verdient die um 1790 aus Feldsteinen errichtete **Egeriagrotte**, deren besonderer Schmuck die Figur der Nymphe Egeria ist, eine Gestalt der römischen Mythologie. Als Vorbild für den Bau diente das Nymphäum der Egeria in Rom. **Der Gartensalon**, ein pavillonähnlicher Bau, ist der Rest einer ursprünglich als Orangerie geplanten Einrichtung

Im **Heckentheater** mit einer natürlichen Kulisse von Bäumen und Sträuchern finden musikalische Aufführungen statt.

Im selben Jahr, als Friedrich Rheinsberg verließ, hatte ein Brand große Teile der Stadt in Schutt und Asche gelegt. Der Wiederaufbau erfolgte nach Plänen von Knobelsdorff, die eine einheitliche Bebauung mit einem gitterförmigen Straßennetz vorsahen. Von der Feuersbrunst verschont blieb die **St.-Laurentius-Kirche**, deren Ausstattung von kulturhistorischem Interesse ist. Dazu gehören vor allem der Altaraufsatz von 1568, die Kanzel und Taufe aus dem 16. Jahrhundert, ein geschnitztes Figurenrelief der Kreuzigung sowie ein kunstvoll gearbeitetes Grabmonument von ungewöhnlichen Dimensionen, das Achim von Bredow und seiner

Gemahlin, einer geborenen Anna von Arnim, gewidmet ist.

Das im Schloss untergebrachte **Kurt Tucholsky Literaturmuseum** würdigt Leben und Werk des Dichters. Zu den Ausstellungsobjekten gehören unter anderem Erstausgaben, Briefe, Dokumente, Fotos und persönliche Gegenstände Kurt Tucholskys. Im Museum finden außerdem literarische Lesungen und wechselnde Kunstausstellungen statt. Als ein „Kultureller Gedächtnisort mit nationaler Bedeutung" wurde diese Einrichtung im Blaubuch der Bundesregierung (eine erstmals 2001 herausgegebene Bestandsaufnahme national bedeutsamer Kultureinrichtungen in den neuen Bundesländern) aufgenommen.

Tourist-Information der Stadt Rheinsberg
Mühlenstraße 15
16831 Rheinsberg
T. 033931 34940
www.rheinsberg.de

Kurt Tucholsky Literaturmuseum
Schloß 1/Marstall
16831 Rheinsberg
T. 033931 39007
mail@tucholsky-museum.de
www.tucholsky-museum.de

Wustrau

Standbild des Husarengenerals Hans Joachim von Zieten auf dem Friedhof von Wustrau

Ein „Hünengrab", das sich Zietens Sohn, Friedrich Christian Emil von Zieten, bereits zehn oder zwölf Jahre vor seinem Tod schuf. „Der letzte Zieten, klein, wie er war, verlangte doch Raum im Tode", spöttelte Fontane.

Der Ort, sehr reizvoll am südlichen Ende des Ruppiner Sees gelegen, gehört mit Altfriesack zur Gemeinde Fehrbellin. Er war Stammsitz derer von Zieten. Mit dem um 1750 errichteten **Schloss** erinnert er vor allem an den fast schon legendären Husarengeneral Friedrichs II., Hans Joachim von Zieten (1699–1786), den man wegen seiner überaus erfolgreichen Taktik des Überraschungsangriffs auch „Zieten aus dem Busch" nannte, und der sich mit seinem König durch die Schlesischen Kriege gefochten hat. Hier wurde er geboren. Fontane hatte den Ort und das stattliche Anwesen 1859 besucht und zum ersten Kapitel seiner „Wanderungen" gemacht. Für alle, die nun auf seinen Spuren wandern, gab er folgenden Rat, der auch heute noch gilt: „Da geht nur hin, und wenn ihr erst da seid, so werdet ihr daselbst nicht bloß das Herrenhaus sehen, das er gebaut, und den Park, den er angelegt hat, sondern zugleich auch seinen Grabstein an der äußeren Kirchwand und sein stattliches Grabdenkmal im Innern der Kirche."

Das Epitaph für den Reitergeneral und „Ahnherrn aller Husaren", wie ihn der Sohn, Friedrich Christian Emil von Zieten, posthum liebevoll bezeichnet hat, gehört neben einem Schnitzaltar und einer Kreuzigungsgruppe zu den bemerkenswerten Ausstattungsstücken der **Dorfkirche** von 1781. Geschaffen wurde das Grabmal von dem Berliner Bildhauer Wilhelm Christian Meyer nach einem Entwurf von Bernhard Rode.

Das Wustrauer Schloss wird heute von der Deutschen Richterakademie als Tagungsstätte genutzt. Mit Rücksicht auf den Veranstaltungsbetrieb kann das Anwesen nur sehr eingeschränkt zu bestimmten Zeiten besichtigt werden.

Wer sich in die 500-jährige Geschichte Preußens vertiefen möchte, findet in den Ausstellungsräumen des **Brandenburg-Preußen-Museum** die notwendigen Informationen. Das **Heimatmuseum** hingegen begleitet den Besucher in die örtliche Vergangenheit und führt mit einer liebevoll gestalteten Ausstellung sehr anschaulich vor Augen, wie man hier in früherer Zeit gelebt hat. Die Einrichtung befindet sich seit 2004 im Gebäude der ehemaligen Heimatschule.

Im Hafen von Wustrau, wo auch größere Ausflugsschiffe der Ruppiner Flotte anlegen, erinnert eine Brunnen-Skulptur aus Edelstahl mit einem integrierten Wasserspiel, die sogenannte **Seeschlacht**, an ein Scharmützel zwischen den Geschlechtern der Knesebecks und Zietens.

Das stattliche, im neubarocken Stil errichtete Schloss in Wustrau war das Stammhaus derer von Zieten.

Information
Schloss Wustrau
Am Schloss 1
16818 Wustrau

Brandenburg-Preußen-Museum
Eichenallee 7a
16818 Wustrau
www.brandenburg-preussen-museum.de
www.wustrau.de

Fontane-Orte von A bis Z
Das Oderland

Altfriedland

Der Ort – früher hieß er Friedland – liegt umgeben vom Kloster- und Kietzer See im nordöstlichen Winkel des Naturparks „Märkische Schweiz", etwa vier Kilometer von Neuhardenberg entfernt. Erstmals trat er 1230 mit der Gründung eines **Zisterzienser-Nonnenklosters** in Erscheinung, das ursprünglich „Vredelant" hieß (Friedland oder befriedetes Land) und dem bis zu zehn umliegende Dörfer ganz oder teilweise sowie einige Mühlen gehörten. Bei der Erschließung der Mark Brandenburg erfüllte der Orden eine wichtige Funktion: „Sie waren ausgezeichnete Landwirte, immer voran mit ihrer Hände Arbeit. Aber ihrer Hände Arbeit bestand nicht bloß außerhalb der Klostermauern im Ausroden des Waldes, im Fällen der Bäume, im Umgraben der Erde, sondern auch innerhalb des Klosters im Abschreiben der Bücher. Sie brachten nicht nur das Christentum, sie brachten die Kultur; sie bauten, sie lehrten", betonte Fontane.

Nach der Reformation wurden das Kloster und seine Besitzungen 1546 säkularisiert, der Besitz enteignet und nach dem Verkauf in einen Gutshof umgewandelt.

Von den ursprünglichen **klösterlichen Anlagen** sind nur noch das Langhaus, die aus Granitsteinen im 13. Jahrhundert gebaute und 1734 erneuerte frühgotische Kirche sowie Reste eines Kreuzgangs erhalten. Außerdem besteht noch die Ruine des Refektoriums (Speisesaal) mit dem sehenswerten Sterngewölbe aus dem 15. Jahrhundert, aus der in den Sommermonaten

Wo Nonnen speisten:
Das Refektorium mit dem
beeindruckenden Stern-
gewölbe gehört zu den
wenigen noch erhaltenen
Anlagen des ehemaligen
Zisterzienserinnen-
Nonnenklosters von
Altfriedland.

Die Klosterkirche stammt
ursprünglich aus dem
13. Jahrhundert. Erst später
wurde der Feldsteinbau um
einen Turm aus Backstein
ergänzt.

Barockmusik erklingt. Der im hochgotischen Stil gebaute Speisesaal lässt die Ästhetik der gesamten ursprünglichen Anlage erahnen. Dort, ebenso wie in der Kirche, finden von August bis September als kulturelle Attraktion Konzerte statt. Veranstalter ist der „Kulturförderverein Kloster Altfriedland e. V.".

An der Dorfstraße befindet sich das **Lange Haus**, ein 1727 erstmals als Gutsarbeiterhaus erwähntes Gebäude, in dem eine kleine Heimatstube unterhalten wird.

Die Region um Altfriedland ist als europäisches **Vogelschutzgebiet** ausgewiesen. Beobachtungskanzeln bieten ornithologisch Interessierten die Möglichkeit, beispielsweise im Herbst den jährlichen Vogelzug zu beobachten.

Information

Die Ruinen sind von außen ganzjährig zugänglich. Besichtigung des Innenraums nach Vereinbarung. Die Klosterkirche ist derzeit wegen Sanierungsarbeiten geschlossen. Führungen durch die übrigen Anlagen können angemeldet werden beim

Fremdenverkehrsverein Altfriedland e. V.

Langes Haus
15320 Altfriedland
T. 033476 50957

Ortsvorsteher Altfriedland

Fischerstraße 8
15320 Neuhardenberg, OT Altfriedland
T. 0172 8884006
altfriedland@klosterland
www.kultur-altfriedland.de

Kartenservice für Konzerte

Neuhardenberg-Information
T. 033476 60477
www.kultur-altfriedland.de

Bad Freienwalde

„Stadt mit besonderer Atmosphäre" so lautet die Werbebotschaft des Fremdenverkehrsamts von Bad Freienwalde. Das gewisse Flair, das die Stadt zwischen Oderbruch, dem Barnim und der Märkischen Schweiz heute umgibt, verdankt sie ihrer Beliebtheit als Kurort und Ausflugsziel wohlhabender Berliner in der Vergangenheit. So entstanden gegen Ende des 19. Jahrhunderts Villen und vornehme Bürgerhäuser, die den Ort mit einem Hauch von Noblesse umkleideten, der immer noch spürbar ist. Der Grundstein für dieses Erblühen aber war schon früher gelegt. Seit die Kunde von den heilkräftigen Quellen in den achtziger Jahren des 17. Jahrhunderts in Berlin die Runde gemacht hatte, waren in der Folgezeit auch Angehörige des königlichen Hofes hier regelmäßig zu Gast. So hatte die preußische Königin Friederike Luise, Gemahlin von König Friedrich Wilhelm II., das Bad zu ihrem Sommersitz gewählt. Und dafür musste eine entsprechende Residenz geschaffen werden: **ein Schloss**. Es steht im Süden der Stadt am sogenannten Apothekerberg. Als Architekt verpflichtete man den aus Schwedt an der Oder stammenden Architekten David Gilly (1748-1808), der den Bau 1798/99 im klassizistischen Stil ausführte. Nach dem Tod der Königin wurde der Park nach Plänen des Gartenkünstlers Peter Joseph Lenné neu gestaltet. Ab 1909 bewohnte das Schloss der liberale Politiker und Reichsaußenminister der Weimarer Republik, Walther Rathenau, bis zu seiner Ermordung im Jahre 1922.

Ein über die Dächer herausragender Blickfang der Stadt ist der spitze Turmaufsatz der **Pfarrkirche St. Nikolai**. Das ursprüngliche, bereits Mitte des 13. Jahrhunderts bestehende und dem Schutzpatron der Schiffer, Fischer und fahrenden Kaufleute geweihte Gotteshaus wurde 1453 in Backstein erweitert, beziehungsweise erneuert. Erst 1875 kam der mächtige Turm hinzu. Als bemerkenswerte Ausstattungsteile beherbergt das Kircheninnere einen Altar von 1623, einen spätgotischen Taufstein aus dem frühen 13. Jahrhundert und eine Kanzel von 1623.

Die Pfarrkirche St. Nikolai bildet das Zentrum des historischen Stadtkerns und ist das älteste Gebäude Bad Freienwaldes.

Die **Kirche St. Georg** im südlichen Teil der Stadt blickt auf eine bewegte Geschichte zurück. Sie gehörte zu dem gleichnamigen Hospital und wurde 1696 in Fachwerk gebaut. Während der napoleonischen Kriege wurde sie von 1812–1814 zweckentfremdet als Futterlager und Scheune benutzt. Elf Jahre später konnte sie ihrer ursprünglichen Bestimmung bis 1972 wieder nachkommen. Nach aufwendigen, über Jahre hin andauernden Sanierungsarbeiten wurde sie 1986 als Konzertsaal – ausgestattet mit einer Orgel der Firma Sauer – wiedereröffnet.

Die ehemalige, 1696 in Fachwerk erbaute Kirche St. Georg wird heute als Konzertsaal genutzt.

Über die Gesundbrunnenstraße, vorbei an einem kleinen Denkmal für Theodor Fontane, erreicht man die **Kuranlagen**, die, umschlossen von viel Grün, sich an den Saum der Papenberge schmiegen. Ein großräumiger, mit Skulpturen geschmückter Park erstreckt sich bis zum **Kur- und Badehaus**, das 1875 ursprünglich als Hotel gebaut wurde, und das mit dem Moorbad und einer neuen, 1994 eingeweihten Rehabilitations-

Die Skulptur in der Wandelhalle des Kurhauses stellt eine Allegorie auf den Erdteil Amerika dar (Foto oben).
Mittelpunkt des Badelebens bildet das 1875 erbaute Kur- und Badehaus (Foto rechts).

Aus der Kurfürstenquelle sprudelt ein gesundes Wässerchen.

klinik für Orthopädie und Rheumatologie den Mittelpunkt des Badelebens bildet. Im Wandelgang des Kurhauses fallen vier barocke Skulpturen ins Auge, die ursprünglich im Bad Freienwalder Schlossgarten aufgestellt waren und für den damaligen Besitzer Walther Rathenau erworben wurden. Eine der Statuen soll eine Allegorie auf den Erdteil Amerika sein, während die anderen die römischen Göttinnen Venus, Diana und Flora darstellen. Da die originalen Kalksteinplastiken bei einer Restaurierung 1977/83 mit Gips ergänzt wurden, konnten sie fortan nicht mehr im Freien stehen; so gelangten sie an den geschützten Platz in den Kuranlagen. Wenige Schritte hinter dem Kurhaus erreicht man die **Kurfürstenquelle**, die mehrere aus dem Berghang hervortretende Quellen sammelt. Die Bezeichnung bezieht sich auf Kurfürst Friedrich Wilhelm von Brandenburg, der 1684 den Freienwalder Gesundbrunnen begründete. Die steinerne, im Jahre 1900 gebaute Quelleinfassung zeigt ein Portraitmedaillon des Großen Kurfürsten.

Am nördlichen Rand des Kurparks fällt ein großes freistehendes Gebäude ins Auge, das 1790 als Bade- und **Logierhaus** für adelige Gäste im Landhausstil errichtet wurde. Die Entwürfe dazu lieferte Carl Gotthard Langhans (1732–1808). Zum Kurpark gehört auch der Papenteich, an dessen Ufer die **Papenmühle** steht, ein Haus im klassizistischen Stil.

Der klassizistische Bau der Papenmühle gliedert sich harmonisch ein in das architektonische Ensemble der Kuranlagen.

Fontane fand die Schönheit der eigentlichen Stadt nur „mäßig, ihr Reiz liegt draußen in den Bergen. Diesen Bergen verdankt es alles, was es ist: von dort aus kommen seine Quellen, und von dort aus gehen die Fernsichten ins Land hinein. Wer nicht kommt, um hier die Eisenquelle zu trinken, der kommt doch, um einen Blick in die ‚Märkische Schweiz' zu tun."

Eine der vielen Örtlichkeiten, die solch eine Aussicht ermöglichen, ist der stadtnahe **Ruinenberg**. Was ihn von anderen Höhen der näheren Umgebung unterscheidet, das ist der Blick auf das ihm zu Füßen liegende Bad Freienwalde. Wer noch höher hinauf will, wird im **Bismarckturm**, der sich vor den Toren der Stadt in Richtung Falkenberg auf dem Schlossberg befindet, ein lohnendes Ausflugsziel finden. Erbaut 1895 anlässlich des achtzigsten Geburtstags von Otto von Bismarck auf den Grundmauern einer mittelalterlichen Burganlage aus dem 12./13. Jahrhundert, bietet der 30 Meter hohe Aussichtsturm einen weiten Blick über die hügelige Landschaft der Oberbarnimer Berge und das Nie-

Die bauliche Ästhetik des Bismarckturms ist ebenso bemerkenswert wie die reizvollen Blicke, die er von seiner Aussichtsplattform bietet.

deroderbruch bis hin zum Schiffshebewerk Niederfinow und die Schorfheide.

Nicht nur an Schlechtwettertagen ist das **Oderlandmuseum** einen Besuch wert. 1889 gegründet, also noch zu Lebzeiten Fontanes, ist es eines der ältesten Museen Brandenburgs. Der Besucher erhält dort umfassende Informationen über die Kultur- und Besiedlungsgeschichte des Oderbruchs und dessen Trockenlegung in der friderizianischen Zeit sowie über die Geschichte des Kurbades.

Oderlandmuseum

Uchtenstraße 2
16259 Bad Freienwalde
T. 03344 2056
oderlandmuseum@albert-heyde-stiftung.de
www.oderlandmuseum.de

Tourist-Information

Uchtenhagenstraße 3
16259 Bad Freienwalde
T. 03344 150890
info@bad-freienwalde.de
www.bad-freienwalde.de

Buckow

Schiffsanlegestelle an der Strandpromenade von Buckow. Hier starten Rundfahrten auf dem Schermützelsee.

„Die Perle der Märkischen Schweiz", wie Fontane den mittlerweile vielbesuchten Ausflugs- und Erholungsort nannte, liegt in einem Kesseltal am Schermützelsee, umgeben von acht weiteren kleinen Seen, „eine ländliche Schönheit, die mit nacktem Fuß in den See tritt und unter Weidenzweigen ihr Haar flicht".

Buckows Geschichte reicht weit in die Vergangenheit zurück. Schon Anfang des 13. Jahrhunderts trat der Ort als Sitz einer Burg des Herzogs Heinrich I. von Schlesien in Erscheinung. Mit dem Anbau von Hopfen kam er in den darauffolgenden Jahrhunderten zu einem gewissen Wohlstand. Heute liegt Buckows Kapital in der Schönheit seiner umgebenden Natur.

Und die wussten auch **Bertolt Brecht und Helene Weigel** zu schätzen. 1952 hatten sie sich in dem abgeschotteten Winkel am Ufer des Schermützelsees abseits vom Berliner Großstadtleben mit der sogenannten Eisernen Villa ein Haus erworben, das sie in den folgenden Jah-

„Das kleine Haus unter Bäumen am See" war das Sommerdomizil von Bertolt Brecht und Helene Weigel.

ren als Sommerresidenz nutzten. Neben dem Haupthaus, das in einem großen Garten liegt mit Blick auf den See, stand noch ein Gartenhäuschen, das Brecht als Arbeitsraum ausbauen ließ. Dort schrieb er an verschiedenen Theaterstücken, arbeitete an Inszenierungen und verfasste den Gedichtszyklus „Buckower Elegien".

Das kleine Haus unter Bäumen am See.
Vom Dach steigt Rauch
Fehlte er
Wie trostlos dann wären
Haus, Bäume und See.

Heute ist das Brecht-Weigel-Haus ein Museum und eine Gedenkstätte für das Künstlerehepaar. Für Freunde historischer Eisenbahnen ist eine Fahrt mit der seit 1897 bestehenden **Buckower Kleinbahn** ein nostalgisches Erlebnis. Seit 2002 wird sie als Museumsbahn auf der fünf Kilometer langen Strecke zwischen Buckow und Müncheberg-Dahmsdorf eingesetzt. Mit den ursprünglichen, elektrisch betriebenen Fahrzeugen bringt sie Gäste auf einer zwölf Minuten dauernden Kurzreise in das Herz der Märkischen Schweiz. Die Züge verkehren nur samstags, sonntags und feiertags von Ende April bis Anfang Oktober. Im Gebäude des Buckower Bahnhofs befindet sich ein kleines **Museum**, das über die Geschichte der Buckower Kleinbahn informiert und Exponate der Müncheberger Kleinbahn, Oderbruchbahn und der "Königlich Preußischen Ostbahn" zeigt. Auf

Auf der Strecke zwischen Buckow und Müncheberg verkehrt die Buckower Museumsbahn fahrplanmäßig mit elektrischen Triebwagen und anderen Sonderfahrzeugen. Seit 2017 mit dabei: der Schweizer Triebwagen Bde 4/4 13 von 1915 der ehemaligen Orbe-Chavornay-Bahn (im Bild).

dem Freigelände können Fahrzeuge vom Baujahr 1934 bis 1986 besichtigt werden.

Eine Sehenswürdigkeit anderer Art ist die als Naturdenkmal ausgewiesene und als Wahrzeichen von Buckow angesehene **Wurzelfichte**. Im Laufe mehrerer Jahre wurde das Wurzelwerk einer 35 Meter hohen Fichte von dem nach starken Niederschlägen reißenden Bach des Sophienfließes unterspült und freigelegt. Bedauerlicherweise fiel der 180 Jahre alte Baumgigant im Januar 2007 dem Orkan „Kyrill" zum Opfer.

Das skurrile Wurzelwerk am Sophienfließ ist der verbliebene Rest einer 35 Meter hohen Fichte, die dem Sturm Kyrill 2007 zum Opfer fiel.

Kultur- und Tourismusamt Märkische Schweiz

Sebastian-Kneipp-Weg 1
15377 Buckow (Märkische Schweiz)
T. 033433 659-82, oder 659-83
touristinfo@amt-maerkische-schweiz.de
www.kurstadt-buckow.de

Brecht-Weigel-Haus

Bertolt-Brecht-Straße 30
15377 Buckow (Märkische Schweiz)
T. 033433 467
www.brechtweigelhaus.de

Buckower Kleinbahn

Bahnhofstraße 1
15377 Buckow
T. 033433 57578
www.buckower-kleinbahn.de

Falkenberg

Fontane, der seit 1861 Falkenberg und seine Umgebung mehrmals aufgesucht hatte, schwärmte von dem kleinen, heute knapp zweieinhalbtausend Einwohner zählenden Ort und meinte, dass dieser durch seine schöne Lage an den bewaldeten Hügelabhängen des Barnimplateaus, vielleicht auch durch den schlichten Zauber des Ländlichen, durchaus in der Lage wäre, dem benachbarten, nur neun Kilometer entfernten Bad Freienwalde den Rang streitig zu machen, wer von beiden den größeren Reiz besäße. Im Gegensatz zum Charakter eines typischen „märkischen Sanddorfes" wirkte Falkenberg auf ihn „gebirgsdorfartig". Liest man seine Beschreibung, spielt einem die Phantasie ein malerisches Bild vor Augen: „Um die alten Obstbäume rankt sich der sorglich gepflegte Efeu am Gitterdraht, Weingänge laufen an der Rückfront der Häuser hin, der Ebereschenbaum lehnt sich an den Vorbau der Häuser, und Bank und Laube haben ihren bestimmten Platz. Der Brunnen, das Bienenhaus, Kleines und Großes fügt sich malerisch in das Ganze ein, denn der Sinn für das, was gefällt, ist lebendig geworden (...)."

Bei so viel Lob war es nur selbstverständlich, dass sich die Falkenberger Bürger mit einem kleinen **Fontane-Denkmal** revanchierten. Es besteht aus einem großen Feldstein, in den ein rundes Bronzerelief mit dem Portrait des Dichters eingelassen ist. Geschaffen wurde die Platte 1927 von dem Dorfschullehrer Paul Matzdorf aus Cöthen, der sich auch als Schriftsteller und Künstler hervortat.

An vielen Orten in Brandenburg wird Fontane mit einem Gedenkstein geehrt. Dieser hier steht in Falkenberg an einem Fontane-Wanderweg.

Als besonders lohnenswert schildert Fontane einen Ausflug nach **Cöthen**, das heute ein Ortsteil von Falkenberg ist und einst Sitz des Adelsgeschlechts derer von Jena war. Drei Sehenswürdigkeiten – die Carlsburg, die Ida-Eiche und der Cöthener Park – haben ihn dort besonders beeindruckt, die seiner Meinung nach den „Preis der Schönheit" verdienen.

Das villenartige Gebäude der **Carlsburg** thront über der Oderlandschaft auf dem Paschenberg und ist ein Panoramarestaurant, das bereits seit 1838 als beliebtes Ausflugsziel gern besucht wird. Der Fernblick von dort oben zu den weiten grünen Flächen des Bruchs ist grandios und hat in der Vergangenheit etliche Künstler zu ihren Werken inspiriert. Besonders angenehm ist es, die Aussicht von der Terrasse des Restaurants aus zu genießen.

Das Panoramarestaurant der Carlsburg oberhalb von Falkenberg ist ein beliebtes Ausflugsziel. Auch Fontane ist hier gewesen und war beeindruckt von dem Blick auf die Oderbruchlandschaft.

Zwischen Cöthen und Falkenberg erstreckt sich der Cöthener Park, dessen Anlage auf eine Idee von Carl Friedrich von Jena (1710–1736) zurückgeht. Dort erwartet den Besucher ein großes Stück Natur. Das Besondere an ihm ist, dass bei der Gestaltung die ursprünglich vorhandene Waldlandschaft erhalten blieb. Inzwischen ist er eine mit mächtigen Buchen bewaldete Schlucht, durch die sich das Cöthener Fließ schlängelt. „Dieser Bach, der in seiner künstlich vielfachen Verzweigung dem Parke hier und dort den Charakter eines Elsbruches [Erlenbruch] gibt, ist in Wahrheit der Quell seiner Schönheit überhaupt", meinte Fontane. „Er begleitet uns Schritt zu Schritt und ist unser Führer durch die

Ein altes Wasserrad und ein kleiner Wasserfall liegen im Quellgebiet eines Bachs, der sich durch eine mit Buchen bewaldete Schlucht im ehemaligen Cöthener Landschaftspark windet.

labyrinthischen Gänge". Reste der Parkanlage findet man im oberen Teil des malerischen Fließes, wo sich unweit eines Wasserfalls ein in den Jahren 1925/26 gebautes Wasserrad dreht, mit dem früher eine Kolbenpumpe angetrieben wurde, die das Schloss, den Ort Cöthen und auch den Park mit Wasser versorgte.

Information
Panoramarestaurant Carlsburg
Burgstraße 9
16259 Falkenberg
T. 033458 205
www.carlsburg.de

Gusow

An der Oderbruchrandstraße, zwischen Neuhardenberg und Seelow, liegt Gusow, das 1997 mit dem benachbarten Platkow zusammengeschlossen wurde und vom Amt Neuhardenberg verwaltet wird. In früherer Zeit zählte es zu den wohlhabenden und vornehmsten Dörfern des Oderbruchgebiets. Mitte des 15. Jahrhundert saß hier die reichbegüterte märkische Adelsfamilie von Schapelow. 1649 ging der Besitz an den kurfürstlich-brandenburgischen Feldmarschall Georg Freiherr von Derfflinger (1606–1695), der drei Jahre zuvor in die Familie der Schapelows geheiratet hatte.

„Alles in Gusow, oder doch alles Beste was es hat, erinnert an den alten Derfflinger: Schloss, Park, Kirche", schrieb Fontane, der sich in den „Wanderungen" sehr ausgiebig mit ihm und dem Schloss, das er bewohnte, beschäftigt hat.

Der junge Derfflinger wuchs auf in „Gottesfurcht und Redlichkeit, und sein Vater, um niemanden zu beschweren, ließ ihn Schneider werden", das ist von dem Historiker Carl Friedrich Pauli (1723–1778) in dem Werk „Leben großer Helden" überliefert. Doch so geschickt, wie der Junge es verstand, mit Nadel und Schere umzugehen, so kühn und verwegen führte der spätere Held auf den Kriegsschauplätzen das Schwert. In der Schlacht bei Fehrbellin trug er maßgeblich zum Sieg des brandenburgischen Heeres über die schwedischen Truppen bei, mit dem der Aufstieg Preußens zu einer europäischen Großmacht begann.

Das von einem Wassergraben umgebene, burgähnliche Schloss in Gusow erinnert an Georg Freiherr von Derfflinger, den Held der Schlacht von Fehrbellin.

Die erstmalige Erwähnung des geschichtsträchtigen **Schlosses** stammt aus dem Jahr 1336. Während des Dreißigjährigen Kriegs stark beschädigt, wurde es von Derfflinger wieder aufgebaut. Sein heutiges Aussehen mit zwei langen, rechtwinklig vorspringenden Flügeln, die einen Schlossvorhof bilden, erhielt es aber erst Mitte des 19. Jahrhunderts. Ein breiter Wassergraben umschließt den Bau, so dass der Eindruck entsteht, als stünde er auf einer Insel.

Seit 1992 ist das Anwesen im Privatbesitz und steht Gästen wie auch Besuchern als Hotel und Museum zur Verfügung.

Schloss Gusow
Schlossstraße 7
15306 Gusow-Platkow
T. 03346 8725
info@schloss-gusow.de
www.schloss-gusow.de

Kloster Chorin

Das ehemalige, am Rande der Schorfheide gelegene Zisterzienserkloster zählt zu den bedeutendsten Zeugnissen der mittelalterlichen Backsteingotik in Brandenburg. Und zweifellos auch
zu den schönsten. Ein beeindruckendes Schau-
erlebnis bietet die reich gegliederte Westfassade
des Kirchengebäudes, wenn die letzten Sonnen-
strahlen den Stein bernsteinfarben schimmern
lassen. Mit ihren fein gearbeiteten schmückenden Bauelementen wie der mittleren Rosette,
den hohen, die massige Wand auflösenden Maßwerkfenstern, den Blendarkaden und der von
drei Wimpergen gebildeten Giebelattika strebt
sie nach vollkommener Harmonie.

Eingerahmt vom Grün der Linden und Buchen leuchtet die Westfassade des Klosters Chorin dem Betrachter, der hier des Weges kommt, bernstein-farben entgegen.

Im Urteil Fontanes hingegen überwiegen kritische Einwände. Er vermisste in der „baulich
zwar schönen Ruine" das eigentlich Malerische,
ein „Landschafts- bzw. ein Genrebild". Im
Zusammenwirken beider würde ihre Poesie wurzeln. „Kloster Chorin gibt sich fast ausschließlich als Architekturbild. (...) Es ist keine jener

Die Ende des 13. Jahrhunderts errichteten Klosteranlagen von Chorin verfielen nach der Säkularisierung 1542. Ihre Instandsetzung, für die sich Karl Friedrich Schinkel eingesetzt hatte, erfolgte ab dem 19. Jahrhundert.

Faszinierende Architektur in reizvoller Natur: Die Klosterkirche von Chorin gehört zu den bedeutendsten Baudenkmälern Brandenburgs.

lieblichen Ruinen, darin sich's träumt wie auf einem Frühlingskirchhof, wenn die Gräber in Blumen stehen; es gestattet kein Verweilen in ihm (...) Wer hier in der Dämmerstunde des Weges kommt und plötzlich zwischen den Pappeln hindurch diesen still einsamen Prachtbau halb märchenhaft, halb gespenstig auftauchen sieht, dem ist das Beste zuteil geworden."

Kloster Chorin ist ein Ableger des havelländischen Mutterklosters Lehnin, und zeitweise hatte es den Anschein, als ob die Tochter den Vorrang über die Mutter gewinnen würde. Es ging aus einer früheren, an anderem Ort auf einer kleinen Insel im Parsteiner See gelegenen Anlage, dem Kloster Mariensee, hervor. Dieses war 1258 durch eine Stiftung der brandenburgischen Markgrafen Otto III. (1215–1267) und dessen Bruder Johann I. (um 1213–1266) als Haus- und Begräbniskloster gegründet worden.

Da sich der Standort in der Folgezeit für den Betrieb eines Klosters als ungeeignet herausstellte, verlegte man es zwischen 1270 und 1273 an seinen jetzigen Ort am Chorin-See. Nach dem Vorbild der Lehniner Mutterkirche entstand um 1300 die neue gotische Backsteinkirche, während die Vollendung der übrigen Anlagen noch einige Jahrzehnte auf sich warten ließ. Mit der Zeit mehrte sich der klösterliche Besitz durch Schenkungen sowie den Ankauf verschiedener Ortschaften ganz erheblich, und auch der politische Einfluss nahm zu. Die Mönche betrieben sehr erfolgreich Acker- und Weinbau, bis 1542 mit der Säkularisierung der Niedergang des klösterlichen Lebens begann. Die Gebäude dienten zunächst landwirtschaftlichen Zwecken bis sie schließlich dem allmählichen Verfall zum Opfer fielen.

Heute wird die Klosteranlage für kulturelle Veranstaltungen, aber auch als Tagungsstätte genutzt. Im Kirchenschiff und im Innenhof finden während des Sommers Konzerte statt. Es gibt ein Klostercafé, wo neben Kuchen auch kleinere Gerichte und ein Frühstück angeboten werden.

Kloster Chorin
Amt Chorin 11a
16230 Chorin
T. 033366 70377
info@kloster-chorin.org
www.kloster-chorin.org
Öffnungszeiten des Klosters:
Im Sommer: 9–18 Uhr, im Winter 10–16 Uhr

Kunersdorf

Begräbnisstätte von Helene Charlotte von Friedland, geborene von Lestwitz. Eine Marmorurne über dem Reliefbild der Verstorbenen zeigt die Symbole der Landwirtschaft: Pflug, Sense, Sichel und Harke. Die Inschrift auf dem Stein lautet: „Dem thätigen Geiste, der diese Fluren belebte. ordnete und nun schützt."

Der Ort wird gern verwechselt mit jenem Kunersdorf, wo König Friedrich II. 1759 im Dritten Schlesischen Krieg gegen russische und österreichische Streitkräfte eine schmähliche Niederlage hinnehmen musste. Dieses heißt heute Kunowice und liegt bei Frankfurt jenseits der Oder auf polnischem Territorium. Mit dem aber zwischen Wriezen und Neuhardenberg an der Oderbruchrandstraße liegenden Kunersdorf, um das es hier geht, verbindet man weniger einen Ort militärischer Scharmützel, als eine „Geistesoase im Grünen", wo Künstler, Akademiker und Philosophen sowie jene Vertreter des geistig aufgeschlossenen Adels, die Reformen in Politik, Wirtschaft und Wissenschaften anstrebten, zusammenkamen. „Geburt war nicht viel, oder sollte nicht viel sein; Talent war alles", vermerkte Fontane. Im Mittelpunkt dieser Zirkel, die sich auf dem nicht mehr erhaltenen Schloss Kunersdorf trafen, standen zwei Frauen: Helene Charlotte von Lestwitz (1754–1803), bekannt als „Frau von Friedland" und deren Tochter Henriette Charlotte (1772–1848), die einen von Itzenplitz heiratete, sodass das Lestwitz-Erbe schließlich an die Familie Itzenplitz überging. Sie machten Kunersdorf nicht nur zu einem „Musenhof", sie waren auch erfolgreiche Reformerinnen in der Landwirtschaft. Die vom Geist der Aufklärung geprägte Persönlichkeit der Frau von Friedland und ihre soziale Verantwortung gegenüber den Bewohnern ihres Herrschaftsbereichs hatte schon ihre Zeitgenossen tief beeindruckt.

In einem noch erhaltenen Nebengebäude des ehemaligen Schlosses, eine in den 1920er Jahren gebaute Villa, will man an diese Zeit anknüpfen und hat mit dem **Chamisso-Literaturhaus** wieder ein kleines Zentrum für Literatur, Kunst und Kultur geschaffen. Eine Ausstellung erinnert an den deutsch-französischen Dichter und Naturforscher Adelbert von Chamisso, der einst im Kunersdorfer Schloss zu Gast war. Dort schrieb er im Sommer 1813 die zur Weltliteratur zählende Novelle „Peter Schlemihls wundersame Geschichte", in der es um einen Mann geht, der seinen Schatten verkauft.

Zu den Sehenswürdigkeiten in Kunersdorf gehören die **Grabkolonnaden** aus Marmor, in denen die Begräbnisstätte der Familie von Lestwitz und von Itzenplitz liegt.

Die Begräbnisstätte der Familie von Lestwitz-Itzenplitz ist eine Säulenkolonnade mit neun Nischen. Fontane bezeichnete sie als „die größte Sehenswürdigkeit" von Kunersdorf.

Information und Kontakt
www.chamisso-gesellschaft.de
www.kunersdorfer-musenhof.de

Amt Barnim-Oderbruch
Freienwalder Straße 48
16269 Wriezen
T. 033456 399 60
www.barnim-oderbruch.de

Letschin

Nachdem Fontanes erster Versuch gescheitert war, seinen Lebensunterhalt ganz aus der literarischen Arbeit zu bestreiten, trat er 1843 vorübergehend als Defektar in die väterliche Apotheke in Letschin ein, die dieser seit 1838 bis 1850 betrieb. Eine Dauerausstellung in den Letschiner Heimatstuben informiert über Fontanes Wirken in der Zeit seines kurzen Intermezzos in diesem Oderbruchdorf.

Apotheke in Letschin, die Fontanes Vater von 1838 bis 1850 besaß und in der der Sohn seine praktische Ausbildung absolvierte

Etliche literarische Bezüge zu Ereignissen und Personen des Orts finden sich im Werk Fontanes wieder. So wurde Letschin zum Schauplatz seiner Kriminalnovelle „Unterm Birnbaum", der eine wahre Begebenheit, die sich hier zugetragen hat, vorausging. Die Anregung zu dieser Geschichte lieferte der mysteriöse Fund eines Skeletts unter dem Birnbaum im Garten der Gaststätte „Deutsches Haus" im Jahre 1848. Zwar konnte man dem Besitzer des Hauses keine Schuld nachweisen, doch Misstrauen und üble Nachrede blieben bestehen. Als Fontane davon erfuhr, griff er die Geschichte um Mord und Rufmord und dem anschließenden Bankrott des damaligen Gastwirts Fittinger, der in der Novelle das literarische Vorbild des Abel Hradschek lieferte, auf und machte sie samt den beteiligten Personen zum Thema eines literarischen Werkes, das bislang mehrfach verfilmt wurde. Das Gasthaus existiert noch unter dem Namen „Zum Alten Fritz", ist zurzeit aber geschossen. Zu Ehren Friedrichs des Großen errichteten die Letschiner 1905 gegenüber der Gaststatte ein Denkmal. 1945 sollte es einge-

Standbild Friedrich des Großen. Es erinnert die hier lebenden Menschen an die Verdienste des Königs um die Trockenlegung des Oderbruchs.

schmolzen werden, doch einige Bürger versteckten es, und erst 1990 wurde das Monument des Preußenkönigs wieder aus seinem Versteck geholt, restauriert und erneut aufgestellt.

Letschin, das mittlerweile zehn Ortsteile umfasst, konkurriert heimlich mit Wriezen um den inoffiziellen Titel „Hauptstadt des Oderbruchs", obwohl die Ortschaft zu keiner Zeit über Stadtrecht verfügte. Die Zerstörungen gegen Ende des Zweiten Weltkriegs im Kampf um die Seelower Höhen haben das alte Bild und den einstigen Glanz der Ortschaft vollständig ruiniert. Dabei fiel auch die 1812/13 wieder aufgebaute Dorfkirche dem Bombardement zum Opfer. Nur der Turm, nach einem Entwurf von Karl Friedrich Schinkel 1818/20 errichtet, blieb erhalten.

Der Ort ehrt Fontane mit einer von Detlef Mallwitz 2014 geschaffenen Büste, die vor der ehemaligen Fontaneschen Apotheke in Letschin auf einer Säule steht.

Ein Kirchturm ohne Kirche. Diese wurde bei den massiven Luftangriffen gegen Kriegsende im Frühjahr 1945 bis auf den Turm zerstört.

Letschiner Heimatstuben – Haus Birkenweg
Letschiner Birkenweg 1
15324 Letschin
T. 033475 50797
www.letschin.de/heimatstube

Märkische Schweiz

Ein kleiner Naturpark vom Feinsten: Bewaldete Hügel, Schluchten und Kehlen, Wälder, Seen und Bäche, dazwischen Moore, bunt blühende Wiesen und verträumt liegende Ortschaften. Charakteristisch für die Landschaft der Märkischen Schweiz, die rund 60 Kilometer östlich von Berlin liegt, sind die schmalen, tief eingeschnittenen Täler und die Höhenunterschiede auf engstem Raum. Die höchste Erhebung dieses Gebiets ist der 130 Meter hohe Krugberg. Dieser liegt nur anderthalb Kilometer Luftlinie vom Schermützelsee entfernt, dessen tiefste Stelle sich 12 Meter unter dem Meeresspiegel befindet. Ein besonderes Naturschauspiel erleben Besucher im Herbst, wenn zigtausend Saat- und Blässgänse die Äcker und Gewässer anfliegen.

Hauptanziehungspunkt und touristisches Zentrum der Märkischen Schweiz ist die Kurstadt → Buckow.

Um den Schermützelsee verläuft ein knapp acht Kilometer langer Rundwanderweg.

Naturpark Märkische Schweiz
Lindenstraße 33
15377 Buckow
T. 033433 158 -47, -48 oder -49
np-maerkische-schweiz@lugv.brandenburg.de
www.maerkische-schweiz-naturpark.de

Neuhardenberg

Im Laufe seiner Geschichte hat der Ort mehrmals den Namen geändert. Gegründet im 13. Jahrhundert unter dem Namen Quilitz, gelangte er durch Schenkung 1763 an den Oberstleutnant Joachim Bernhard von Prittwitz und 1814 an den Staatskanzler Karl August von Hardenberg, der seinen neu erworbenen Besitz Neu-Hardenberg nannte. Nach dem Zweiten Weltkrieg, zwischen 1949 und 1990, wurde der Ort von den neuen Machthabern zu Ehren von Karl Marx in Marxwalde umgewandelt, und nach der politischen Wende kehrte man schließlich zum alten Namen Neuhardenberg – ohne Bindestrich – zurück.

Geduldsprobe: Regungslos steht ein Graureiher am Ufer des Schlossteichs und wartet auf Beute (Foto oben).
Die Umgestaltung des Landschaftsparks von Schloss Neuhardenberg im Jahre 1821, bei der auch Fürst Hermann von Pückler-Muskau mitgewirkt hat, geht im Wesentlichen auf Entwürfe von Peter Joseph Lenné zurück (Foto links).

Anfang des 19. Jahrhunderts hatte ein Feuer die meisten Häuser des Gutshofes zerstört. Für den Wiederaufbau verpflichtete man 1801 den erst zwanzigjährigen Karl Friedrich Schinkel. Die großzügige Raumaufteilung, die das heutige Ortsbild prägen, trägt also die frühe architektonische Handschrift des preußischen Baumeisters. Herausragendes Bauwerk in diesem Ensemble ist das **Schloss Neuhardenberg**.

Aus dem Gartensaal des Schlosses blickt man auf das Marmordenkmal Friedrich des Großen. Es entstand 1821 und wurde von Johann Wilhelm Meil entworfen.

Im Zuge dieser Neugestaltung entstand ein Jahr später der weitläufige Landschaftspark nach Plänen von Peter Joseph Linné sowie ein Denkmal für König Friedrich II.

Heute ist das Schloss im Besitz des Deutschen Sparkassen- und Giroverbands, der die Nutzung und den Betrieb der „Stiftung Schloss Neuhardenberg GmbH" übertragen hat. Diese führt ein Hotel und organisiert ein breites kulturelles Veranstaltungsprogramm.

Bei dem Dorfbrand von 1801 hatte die alte **Kirche** ebenfalls großen Schaden erlitten. In den darauffolgenden Jahren schuf Schinkel ein Gotteshaus klassizistischer Prägung und verwendete dabei noch brauchbare Teile der ausgebrannten Feldsteinkirche. Dabei bekam auch der Innenraum ein neues Aussehen. Zu den bedeutendsten Gegenständen der Ausstattung gehört ein **Taufständer** aus dem Jahr 1837.

Der Gemeinde Neuhardenberg angeschlossen ist das vier Kilometer nordwestlich liegende Altfriedland.

Stiftung Schloss Neuhardenberg
Schinkelplatz
15320 Neuhardenberg
T. 033476 600-0
hotel@schlossneuhardenberg.de
www.schlossneuhardenberg.de

Förderverein Schinkel-Kirche Neuhardenberg e. V.
Karl-Marx-Allee 26
T. 033476 50296
ur@schlossneuhardenberg.de

Oderbruch

Das Oderbruch ist ein 60 Kilometer langes und bis zu 20 Kilometer breites Binnendelta, ein ehemaliges Überflutungsgebiet der Oder. Nach Osten hin wird die Niederung vom Hauptarm des Flusses selbst und im Westen von den Abhängen des Barnim Plateaus, an dessen Hängen die Städte Wriezen und Seelow liegen, eingefasst. Im Nordosten reicht sie bis an Bad Freienwalde heran, während sie im Süden an die Stadt Lebus grenzt. Bis ins 18 Jahrhundert floss die Oder unkontrolliert mit zahlreichen Stromverwilderungen durch die bis zu zwanzig Meter unter dem Meeresspiegel liegende Tiefebene, was jedes Jahr nach der Schneeschmelze zu großflächigen Überschwemmungen führte. Dann glich die

Bis zu ihrer Regulierung und Eindeichung war die Oder ein unkontrollierter Fluss, der eine Unzahl kleinerer oder größerer Nebenarme bildete, die zu regelmäßigen Überschwemmungen des Oderbruchs führten.

ganze Niederung einem gewaltigen See. Mit der Trockenlegung des Feuchtgebiets durch Begradigung und Eindeichung der Hauptarme, die im Wesentlichen zwischen 1747 und 1762 unter König Friedrich II. stattfand, entstand ein neuer Lebensraum mit fruchtbarem Ackerland – ein „Bauernland" wie Fontane schrieb.

Für die Besiedlung des neuen bewohnbaren Landesteils brauchte man Kolonistenfamilien. „Aber wo die Menschen hernehmen?", fragte Fontane. „Das war nichts Leichtes. Eine eigene Kommission zur Herbeischaffung von Kolonisten" wurde gegründet, deren Aufgabe darin bestand, „fleißige und arbeitsame Ausländer" anzuwerben. Die Aktion war erfolgreich, es kamen Pfälzer, Schwaben, Franken, Westfalen, Vogtländer, Mecklenburger und auch Siedler aus Österreich, Polen und Böhmen. Den neuen Siedlern wurden gewisse Vorteile gewährt. Der König ließ neue Kirchen bauen, setzte zwei reformierte und zwei lutherische Pastoren ein, und gründete in jedem Dorf eine Schule, deren Besuch frei war. Hinzu kam die Freistellung von allen Abgabenlasten.

Aus Dankbarkeit für die Verdienste um die Trockenlegung und Nutzbarmachung des Oderbruchs wurden dem Alten Fritz zwei Denkmäler errichtet, das eine in Letschin, das andere in Neutrebbin.

Hervorragende Aussichten auf die Bruchlandschaft ergeben sich von dem bis zu hundert Meter hohen Plateau zwischen Oderberg und Lebus. Auch auf dem seit dem Jahr 2005 bestehenden **Turmwanderweg**, der auf Waldwegen und einer Strecke von 12 Kilometern vier Aussichtstürme – Bismarck-, Eulen-, Schanzen- und Aussichtsturm – verbindet, eröffnen sich reizvolle Blicke auf das Niederoderbruch und auch auf die Kurstadt Bad Freienwalde. Ausgangspunkt für diese Wanderung ist der Bahnhof in

Blick über die Oder bei Neurüdnitz zum polnischen Ufer

Falkenberg. Von dort folgt man der Markierung „weißer Turm auf braunem Grund" bzw. der Beschriftung „Turmwanderweg" und marschiert dann, nachdem man die Stadt verlassen hat, auf Waldwegen bis nach Bad Freienwalde. Natürlich kann man die Strecke auch in umgekehrter Richtung „abarbeiten".

Bad Freienwalde Tourismus GmbH
Uchtenhagenstraße 3
16259 Bad Freienwalde
T. 03344 150890
info@bad-freienwalde.de
www.seenland-oderspree.de

Schiffmühle

Fontane kannte die kleine, an der Alten Oder gelegene ehemalige Schifferkolonie, die heute zu Bad Freienwalde gehört, von den gelegentlichen Besuchen bei seinem Vater, der sich, getrennt von seiner Frau, ab 1855 dorthin zurückgezogen hatte. Der Ortsname geht auf eine Schiffmühle zurück, die bis 1770 an der Oder betrieben wurde. Darunter versteht man eine auf einer schwimmenden Plattform errichtete und von der Strömung des Flusses angetriebenen Mühle.

Das letzte Treffen zwischen den beiden, bei dem sich Vater Fontane sehr offen über seine Fehler und Schwächen im Leben geäußert hatte, fand im Sommer 1867 statt. Beim Abschied dann die Worte: „Nun lebe wohl und lass Dich noch mal sehen." Dazu kam es nicht mehr. Wenige Monate später, am 5. Oktober, starb der Vater.

Über diesen letzten Besuch hat Fontane ausführlich in seiner Biographie berichtet. Dabei gab er auch eine kurze Beschreibung der Örtlichkeit: „Vereinzelte Häuser lagen da in großen Abständen voneinander an dem träg vorüberschleichenden und von gelben und weißen Mummeln überwachsenen Flusse (...)." In einem dieser Häuser wohnte Fontanes Vater. „Ich hatte mich wie gewöhnlich bei ihm angemeldet, machte zunächst die reizende Fahrt bis Eberswalde per Bahn, dann die reizendere bis Freienwalde (...) und schritt nun auf einem von alten Weiden eingefassten Damm auf Schiffmühle zu (...)."

Das schlichte um 1800 errichtete Fachwerkhaus steht heute noch und wurde zu einer **Fontane-Erinnerungsstätte** und einem **Heimatmuseum** ausgebaut, in dem der Besucher nicht nur Einblicke in die Lebensgeschichte der Fontanes erhält, sondern auch mit vielen Fotos und Schriften über die Region und Ortsgeschichte informiert wird. Dort ist auch der Anfang eines Lehrpfades, der zur hoch aufragenden Kirche des Ortsteils Neutornow führt, wo der Vater Fontanes mit Blick auf das Oderbruch seine letzte Ruhestätte gefunden hat.

Ein kleiner Nachtrag zum Ortsnamen „Schiffmühle" sei hier noch angefügt. Auf der Internetseite der Tourist-Information von Bad Freienwalde findet man unter der Rubrik „Schon gewusst?" folgenden Hinweis: „Nach 1945 wurden die drei Ortschaften Gabow, Neutornow und Schiffmühle zu einem Dorf zusammengeschlossen. Der russische Kommandant verfügte den neuen Namen ‚Schiffmühle', weil dort das einzige KPD-Mitglied lebte."

Fontanehaus in Schiffmühle

Grabstätte von Fontanes Vater, Louis Henri Fontane. „Und ein andrer Platz, dem verbunden ich bin: Berglehnen, die Oder fließt dran hin, zieht vorüber in trägem Lauf, gelbe Mummeln schwimmen darauf, am Ufer Werft und Schilf und Rohr, und am Abhange schimmern Kreuze hervor, auf eines fällt heller Sonnenschein – da hat mein Vater seinen Stein."

Fontanehaus Schiffmühle
Schiffmühle 3
16259 Bad Freienwalde (Oder)
T. 03344 3349778

Seelow

Blick von den Seelower
Höhen auf das Oderbruch.
Ein Landschaftsbild von
„überraschender Schön-
heit", schrieb Fontane.

Seelow liegt sehr malerisch am Rand der Lebuser
Hochfläche. Zu den architektonisch beachtenswerten Bauwerken des Ortes gehört die **Stadtkirche**, die auf eine interessante Geschichte zurück-
blickt. Ursprünglich ein frühgotischer Bau,
wurde sie 1830–1832 unter Mitwirkung von Karl
Friedrich Schinkel durch einen neuen Bau im
klassizistischen Stil ersetzt, der den Bombarde-
ments gegen Ende des Zweiten Weltkriegs zum
Opfer fiel. Der Wiederaufbau erfolgte zunächst
ohne Turm, dieser wurde erst 1997/98 angefügt.
Von den **Seelower Höhen** reicht der Blick weit in
das Oderbruch. Fontane: „Der Gottessegen
berührt hier das Herz mit einem ganz eigentüm-
lichen Zauber, mit einer fromm gestimmten
Freude (...). Ein Blick von dieser Seelower Höhe
läßt uns in solchen Gottessegen schauen."
Bei diesen Eindrücken konnte Fontane nicht
ahnen, dass dieses „gelobte Land" gegen Ende
des Zweiten Weltkriegs zwischen dem 16. und
19. April 1945 zum Schauplatz der größten

Schlacht auf deutschem Boden wurde, bei der 100 000 Menschen ihr Leben verloren. Nachdem die Rote Armee im Winter die Oder überschritten hatte, standen sich eine Million Soldaten mit 14 000 Geschützen und 5000 Panzern gegenüber. Sie schauten nicht auf die weiten Felder des Oderbruchs, sahen nicht die Schönheit dieses fruchtbaren, von Gott gesegneten Gartens – sie blickten in den Tod. Die Seelower Höhen waren das am heftigsten umkämpfte Gebiet in der Schlacht um Berlin.

Die **Gedenkstätte Seelower Höhen** erinnert an die letzte sowjetische Großoffensive auf deutschem Boden, die das Ziel verfolgt hatte, den deutschen Widerstand zu brechen. Sie besteht aus dem Museum, dem Soldatenfriedhof und dem Befehlsbunker des russischen Marschalls Georgi K. Schukow sowie der Denkmalanlage mit der mehrere Meter hohen Bronzeskulptur eines Rotarmisten mit Maschinenpistole, der sich auf den Turm eines zerstörten deutschen Panzers stützt. Geschaffen hat sie der russische Bildhauer Lew Kerbel. Eine Präsenzbibliothek und das Archiv stehen interessierten Besuchern nach Voranmeldung zur Verfügung.

Gedenkstätte Seelower Höhen: Das Ehrenmal mit der martialischen Darstellung eines Rotarmisten mit Maschinenpistole soll an die sowjetischen Kriegsopfer erinnern, die in einer der letzten großen Schlachten des Zweiten Weltkriegs gefallen sind.

Gedenkstätte Seelower Höhen
Küstriner Straße 28a
15306 Seelow
T. 03346 597
info@seelowerhoehen.de
www.gedenkstaette-seelower-hoehen.de

Werbellinsee

Der Werbellinsse liegt inmitten des Waldgebiets der Schorfheide. „Ein Zauber ist um ihn her", schrieb Fontane über dieses Gewässer, und das gilt auch heute noch. Eine alte Sage erzählt vom Untergang der Stadt „Werbellow", die an der Stelle des jetzigen Sees gestanden haben soll. Ob wahr oder nicht, die Vorstellung von einer versunkenen Stadt beflügelt die Phantasie. Archäologische Funde, wie Bootswracks auf dem Seegrund sowie Scherben und Pfähle im Uferbereich deuten immerhin darauf hin, dass einst hier Siedlungen existiert haben. Sicher ist man auch darin, dass der See ein Relikt der letzten Eiszeit ist. Das unter dem Eis abfließende Schmelzwasser schuf einen Hohlraum in Form einer Rinne, in die Toteis gepresst wurde; daraus entstand dann der See. Er ist schmal und erstreckt sich von Nordosten nach Südwesten über eine Länge von neuneinhalb Kilometern. An einigen Stellen erreicht er eine Tiefe von mehr als 50 Metern. Wegen seines klaren Wassers ist er bei Badegästen sehr beliebt. Aber auch Fische fühlen sich darin wohl. Zur Freude der Angler tummeln sich hier viele Fischarten wie Aale, Barsche, Hechte, Plötze und Welse, und auch die eher seltene kleine Maräne aus der Familie der Lachsfische findet sich darunter. Wie Fontane berichtet, soll der Werbellin in früherer Zeit voller „Muränen" gewesen sein (vermutlich meinte er Maränen, die in den märkischen Seen beheimatet sind, Muränen hingegen kommen in hiesigen Gewässern nicht vor), die aber mittlerweile ausgestorben sind. Ihr damaliges Verschwinden wird den Kormoranen angelastet. Und Fontane konstatierte „Die Muränen sind hin wie die Schlösser, die den Werbellin umstanden, nur der See selber ist in seiner alten Schönheit verblieben."

Am nördlichen Ende des Sees liegt die Kleinstadt Joachimsthal, die nahe einer ehemaligen Grenzburg der Askanier, von der heute nur noch einige Mauerreste vorhanden sind, entstanden ist. Der Name geht auf den Kurfürsten Joachim I. (1484–1535) zurück, der dort ein mittlerweile verschwundenes Jagdhaus gebaut hatte. Architektonisch interessant ist die **Kreuz- bzw. Stadtkirche**, die zwischen 1817–1820 nach Plänen von Schinkel errichtet wurde und an die Stelle eines abgebrannten Vorgängerbaus getreten ist. Am südlichen Rand der Stadt, am Kleinen Lubowsee, liegt der **Kaiserbahnhof**. Wilhelm II. hatte den Bau, dessen Architektur die Vorliebe des Kaisers für Skandinavien verrät, in Auftrag gegeben. Die offizielle Einweihung fand im Herbst 1898 statt, als der Kaiser erstmals hier ausstieg, um mit seinem Gefolge in bereitstehenden Kutschen zu seinem Jagdschloss Hubertusstock in der Schorfheide zu fahren.

Der Kaiserbahnhof in Joachimsthal wurde von Wilhelm II. in Auftrag gegeben. Von Berlin mit einem Sonderzug anreisend, traf sich der Kaiser hier mit Jagdgesellschaften, um dann in Kutschen umzusteigen, die ihn zum Jagdschloss Hubertusstock brachten.

Tourist-Information
Töpferstraße 1
16247 Joachimsthal
T. 033361 64646
br-joachimsthal@web.de
www. amt-joachimsthal.de

Fontane-Orte von A bis Z
Havelland

Brandenburg

Mit der Entscheidung, auf einen zweiteiligen Havelland-Band zu verzichten, ließ Fontane die einst wichtigste Stadt des Landes Brandenburg unberücksichtigt. Er erwähnte sie lediglich in seinem Kapitel über die Wenden in der Mark als „die alte Wendenveste Brennabor". Trotzdem dürfte er sie mit allen ihren Sehenswürdigkeiten gut gekannt haben.

Die Stadt war schon früh besiedelt; slawische Anwohner sind bereits seit dem 8. Jahrhundert nachgewiesen. König Heinrich I. (um 876–936) aus dem Adelsgeschlecht der Liudolfinger, der von 919 bis 936 König des Ostfrankenreiches war, eroberte 928 die damals auf einer Havelinsel schon bestehende slawische Burgsiedlung, die den Namen Brendanburg führte, und sein Sohn Otto I. (912–973) legte 948 den Grundstein für den Sitz eines Bistums. Durch den Slawenaufstand 983 fiel der Ort samt Bischofsresidenz an einen Stamm der Liutizen, und erst in der Mitte des 12. Jahrhunderts gelang Albrecht dem Bären (um 1100–1170) aus dem Geschlecht der Askanier, die Rückeroberung der Inselfeste und die endgültige Niederwerfung der Slawen. Damit war der Weg für die Einwanderung deutscher und holländischer Kolonisten geebnet.

Der **Dom St. Peter und Paul** ist das älteste erhaltene Bauwerk Brandenburgs, von dem die Geschichte der Stadt ihren Anfang nahm. Die Grundsteinlegung für den Bau auf der Dominsel erfolgte um 1165 durch den Mönchorden der Prämonstratenser. Ursprünglich als romanische

Der Dom St. Peter und Paul, auch als „Keimzelle Brandenburgs" bezeichnet, steht auf der Dominsel, dem ältesten Siedlungskern Brandenburgs, wo einst die slawischen und deutschen Herrscher ihren Sitz hatten.

Die Bunte Kapelle im Brandenburger Dom ist mit einer einzigartigen Putzmalerei ausgestattet.

Der Böhmische Altar wurde 1375 hergestellt und zeigt im Mittelfeld die von Heiligenfiguren flankierte Marienkrönung.

Saalkirche angelegt, wurde sie im 14. Jahrhundert in eine gotische Basilika umgewandelt. Sehenswert im Inneren sind mehrere Flügelaltäre, wie etwa der vom Kloster Lehnin gestiftete Hauptaltar von 1518 oder der sogenannte Böhmische Altar aus dem 14. Jahrhundert.

Vor dem Burghof des Doms steht die zweischiffige **St.-Peter-Kapelle**, ein frühgotischer Backsteinbau aus dem 13. Jahrhundert. Heute wird

Die dekorative und figürliche Gewölbemalerei in der Kirche St. Katharinen entstand in der Zeit um 1430.

das Innere der Kirche als Ausstellungsraum moderner Kunst genutzt.

Die gotische **Kirche St. Katharinen** in der Neustadt entstand Anfang des 15. Jahrhunderts anstelle einer zuvor abgerissenen Feldsteinkirche durch den Stettiner Baumeister Hinrich Brunsberg. Auffallend ist die Höhe ihres Dachfirstes von 38 Metern. Die reich gegliederten Ziergiebel der Nord- und Südkapelle gelten als Meisterwerke norddeutscher Backsteinkunst. Von der reichen Innenausstattung sind besonders der große, reich geschmückte Doppelflügelaltar von 1474, der achteckige Bronze-Taufkessel von 1440 sowie der Figurenschmuck in den Seitennischen beachtenswert.

In der Altstadt Brandenburgs bildete die **Gotthardtkirche** einen Siedlungskern, von dem aus die Stadt nach Süden hin gewachsen ist. Das Gotteshaus ist eine spätgotische dreischiffige Backsteinkirche und besitzt wertvolle Kunstschätze, zu denen eine aus Sandstein gefertigte

Der Mühlentorturm ist einer der vier erhaltenen Türme der mittelalterlichen Stadtbefestigung.

Kanzel von 1623, ein bronzener Taufkessel aus dem 13. Jahrhundert und ein um 1460 geschaffener Gobelin mit einer Darstellung der Einhornlegende (siehe Beschreibung „Kloster Lehnin") gehören.

Das **Altstädter Rathaus** mit den blendengeschmückten Staffelgiebeln entstand zwischen 1470 und 1480 und stellt ein beachtenswertes Zeugnis spätgotischer Backsteinkunst dar. Eine über fünf Meter hohe Rolandfigur schmückt den Eingangsbereich. An den Rathausbau seitlich angefügt ist das Ordonnanzhaus aus dem 14. Jahrhundert. Es zählt zu den ältesten Bürgerhäusern Brandenburgs und ist gegenwärtig Sitz der Stadtregierung.

Von der mittelalterlichen **Stadtbefestigung** sind in der Neustadt der 28 Meter hohe Steintorturm und der 24 Meter hohe Mühlentorturm erhalten, und in der Altstadt stehen noch der vierkantige Rathenower und der zylindrische Plauer Torturm.

Altstädter Rathaus mit der Rolandfigur

Touristeninformation
Neustädtischer Markt 3
14776 Brandenburg an der Havel
T. 03381 796360
touristinfo@stg-brandenburg.de
www.stg-brandenburg.de

Caputh

Schon zu Fontanes Zeiten war Caputh, das sich 2002 mit den Orten Ferch und Geltow zur Gemeinde Schwielowsee zusammengeschlossen hat, ein beliebtes Ausflugsziel. Von einem einst kleinen, ärmlichen Schifferdorf hat es sich zu einem schmucken Erholungsort gemausert, der in der Vergangenheit auch prominente Gäste angezogen hat. **Albert Einstein** besaß hier ein Sommerhaus, in dem er mit seiner Familie in den Jahren 1829 bis zu seiner Emigration nach Amerika 1932 einen großen Teil seiner Zeit verbrachte.

Seine günstige Entwicklung verdankt Caputh den Ziegeleien, die überall an der Havel rund um den Schwielowsee entstanden. „Und die Millionen Steine, die jahraus, jahrein am Ufer dieser Seen und Buchten gebrannt wurden, erforderten alsbald Hunderte von Kähnen, um sie auf den Berliner Markt zu schaffen. Dazu boten die Caputher die Hand", schrieb Fontane. Man baute eine Kahnflotte mit mehr als sechzig Schiffen auf, die alle auf den hiesigen Werften gebaut wurden. Da zu dieser Zeit für den gesamten Havel-Schiffsverkehr noch der Umweg über den Schwielowsee unvermeidlich war, wurde Caputh schließlich zu einem allgemeinen Hafen- und Handelsplatz.

Umgeben von einer Wasserlandschaft, die vom Schwielowsee, Templiner See und Caputher See gebildet wird, zieht es auch heute noch zahlreiche Besucher an. Ein beliebter Treff- und Aussichtspunkt ist der traditionelle Gasthof „Fährhaus", wo eine seit 1853 eingesetzte **Seilfähre**

Schloss Caputh ist ein früher Barockbau aus der zweiten Hälfte des 17. Jahrhunderts.

Die Kirche von Caputh wurde von Friedrich August Stüler im Stil einer italienischen Pfeilerbasilika entworfen. Die Gestaltung der Innenarchitektur zeigt neuromantische Züge und eine klassizistische Bemalung.

verkehrt, die Personen und Fahrzeuge über die an dieser Stelle 80 Meter breite Havel bringt und so eine Verbindung zwischen den beiden Ortsteilen Caputh und Geltow herstellt.

Besondere Aufmerksamkeit gebührt dem **Schloss**, das eigentlich ein Herrenhaus ist. Es gehörte einst dem kurfürstlichen Generalquartiermeister Philipp de la Chieze, der es 1662 von seinem Dienstherrn, dem Großen Kurfürsten, als Geschenk erhielt und das ziemlich verfallenen Anwesen in ein stattliches Landhaus umwandelte. Nach dem Tod von de la Chieze ging der Besitz an den Kurfürsten zurück, der es dann seiner Gemahlin Dorothea überschrieb. Mit der neuen Herrin kamen Schmuck und Ausstattung in das Anwesen, die einer Fürstin würdig waren. Auch wurde das Haus baulich verändert und erweitert. Diese Umgestaltung war allerdings nicht die letzte. Da mit den Jahren die Ansprüche an Glanz und Luxus zunahmen, musste das Schloss unter der nächsten Hausherrin, Kurfürstin Sophie Charlotte, dem neuen Geschmack abermals angepasst werden.

Besonders sehenswert sind heute der prunkvolle Festsaal mit Stuckdekoration und Deckengemälden sowie der Fliesensaal, dessen Wände und Deckengewölbe mit ca. 7500 blau-weißen Delfter Fayencefliesen ausgekleidet sind.

Ein architektonisch auffälliger Bau ist auch die **Dorfkirche**. Sie entstand auf Anordnung des Königs Friedrich Wilhelm IV. in den Jahren 1850 bis 1852 nach einem Entwurf von Friedrich August Stüler unter Einbeziehung der Außenwände einer Vorgängerkirche und ist eine im italienischen Stil konzipierte Pfeilerbasilika mit getrennt stehendem Campanile.

Wer wissen möchte, wie Albert Einstein in Caputh gelebt hat, findet in seinem Sommer- haus Am Waldrand 15–17 die Antwort. Nach Restaurierungsarbeiten wurde das Gebäude 2005 als Gedenkstätte, Veranstaltungs- und Besichtigungsort der Öffentlichkeit zugänglich gemacht.

Tourismusbüro Schwielowsee-Tourismus e.V.
Straße der Einheit 3
14548 Schwielowsee OT Caputh
T. 033209 70899
www.schwielowsee-tourismus.de
www.caputh.de

Schloss Caputh
Straße der Einheit 2
14548 Schwielowsee OT Caputh
T. 033209 70345
schloss-caputh@spsg.de

Einsteinhaus Caputh
Am Waldrand 15–17
14548 Schwielowsee OT Caputh
T. 0331 271780 (Anmeldung erbeten)
www.einsteinsommerhaus.de

Glindow

„Was Werder für den Obstkonsum der Hauptstadt ist, das ist Glindow für den Ziegelkonsum. In Werder wird gegraben, gepflanzt, gepflückt – in Glindow wird gegraben, geformt, gebrannt; an dem einen Ort eine wachsende Kultur, am andern eine wachsende Industrie, an beiden (...) ein wachsender Wohlstand", so charakterisierte Fontane die beiden Orte, die mittlerweile zusammengehören: Die Gemeinde Glindow ist nach der Brandenburger Gemeindegebietsreform von 2001 ein Ortsteil der Stadt Werder und dieser südlich vorgelagert.

Aufgrund der ton- und lehmhaltigen Böden war die Gegend um Glindow (slaw. Glina für Ton) seit dem Mittelalter ein Zentrum der Ziegeleiindustrie. Auch Formsteine und ausgefallene Produkte wie dieses Exemplar, das auf dem Gelände des Ziegeleimuseums ausgestellt ist, wurden dort gebrannt.

Der Name Glindow geht auf das slawische Wort Glina zurück, was Ton oder Lehm bedeutet, und diesem Stoff verdankt der Ort in der Vergangenheit seinen Wohlstand. Schon etwa Mitte des 15. Jahrhunderts waren hier Ziegeleien in Betrieb, die vom → Kloster Lehnin geführt wurden. Mit dem raschen Wachstum der großen Städte, allen voran Berlin, wuchs im 19. Jahrhundert das Verlangen nach diesem begehrten Baustoff rapide an. Dabei kam Glindow der Vorteil zugute, an einer Wasserstraße zu liegen, so dass die Ziegelsteine kostengünstig auf Kähne verladen und in die Hauptstadt transportiert werden konnten. Dass aber die 18 Ziegeleien, die damals hier ihren Standort hatten, mit ihren Fabrikschornsteinen und dem nie erlöschenden Feuer eine Zierde der Landschaft waren, darf bezweifelt werden. Etwa 100 Jahre später, als die Tonvorkommen im Raum Glindow zur Neige gingen, verlor die Ziegelproduktion als Wirtschaftszweig allmählich an Bedeutung.

Heute ist die Ziegelei ein **Museum**, wo Besucher die traditionelle Ziegelfertigung in Aktion erleben können. Dabei kommen auch die beiden auf dem Gelände befindlichen Ringöfen aus dem Jahre 1868 zum Einsatz. Die Ausstellungen finden im denkmalgeschützten **Ziegelturm** statt, der ein interessantes Beispiel für die Backsteinbaukunst darstellt.

Nicht weit vom Ort entfernt liegt ein kleines Naturschutzgebiet, das den Namen **Glindower Alpen** führt. Der Name als Geländebezeichnung in einer Gegend, in der so gar nichts an ein Gebirge erinnern will, mag im ersten Moment irritieren. Zwischen den Ortschaften Glindow und Petzow entstand durch den Abbau von Ton ein stark zerklüftetes Gelände mit einem Wechsel von Schluchten, Anhöhen sowie exponierten Plateaus. Die tiefsten Stellen füllten sich im Laufe der Zeit mit Wasser und bildeten kleinere Seen. Die Natur hat sich das geschundene Land mit einer üppigen Flora zurückerobert. Wo

Das Turmgebäude des Ziegeleimuseums steht auf dem Betriebsgelände der historischen Ziegelei und ist ein ausgewiesenes Industriedenkmal.

einst in der Erde gegraben wurde, stehen heute Ahorn, Buche, Esche und etliche andere Baumarten. Da der Wald weitgehend sich selbst überlassen bleibt und nur wenig forstwirtschaftlich genutzt wird, hat er stellenweise einen urwüchsigen Charakter angenommen. Heute sind die Glindower Alpen ein beliebtes Naherholungsgebiet, das auf Wanderwegen über Brücken und Treppen erkundet werden kann.

Märkisches Ziegeleimuseum Glindow
Alpenstraße 44
14542 Werder (Havel) OT Glindow
T. 03327 669395
www.ziegeleimuseum-glindow.de

Groß Glienicke

Auf halbem Weg zwischen Potsdam und Berlin-Spandau liegt das rund 750 Jahre alte Groß Glienicke. Der Name weist auf einen lehmhaltigen Boden hin, denn Glina ist das slawische Wort für Lehm. In dem aus einem alten Rittergut hervorgegangenen Ort – heute ist er der Stadt Potsdam eingemeindet – haben vor allem die von Ribbecks ihre Spuren hinterlassen. Der Name dieser märkischen Adelsfamilie taucht hier in der zweiten Hälfte des 16. Jahrhunderts auf. In der mittelalterlichen **Feldsteinkirche** findet man die Epitaphien zweier Hans Georg von Ribbeck, Vater und Sohn. Fontane machte auf die unterschiedliche Darstellung der beiden aufmerksam: Der Vater entstammte der Schwedenzeit, der Sohn war ein Kind der höfischen, französierten Zeit Friedrichs I. „Der ältere Hans Georg in Brustharnisch und Beinschienen wie ein Derfflingerscher Reiterführer; der jüngere in einem Roquelaure [schwerer Wollmantel] mit mächtigen Aufschlägen und Seitentaschen, auf dem Haupt eine ziemlich seltsame Kappe, fast in Form einer Bischofsmütze." Dieser jüngere Hans Georg war ein brandenburgischer Domherr, und wie Fontane mutmaßte, „ein Mann der Wissenschaft".

So, wie die beiden im Kirchenschiff bildlich nebeneinander stehen, so liegen sie in der Gruft der Kirche nebeneinander. „Wohlbehalten", betonte Fontane, der sich den Sargdeckel öffnen ließ. „Denn die Groß-Glienicker Gruft gehört zu den vielen in der Mark, in denen die beigesetzten Leichen zu Mumien werden."

An das ehemalige Rittergut Groß Glienicke erinnert das Potsdamer Tor, hinter dem sich ein weiträumiger Landschaftspark öffnet. Das Herrenhaus der ehemaligen Adelsfamilie existiert nicht mehr.

Unter den Ribbecks entstand auch die erste Gartenanlage, die sich gegenüber ihrem Wohnsitz befand. Mitte des 19. Jahrhunderts – das Gut hatte mittlerweile zweimal den Besitzer gewechselt – wurde ein Herrenhaus im klassizistischen Stil errichtet sowie ein Landschaftspark angelegt. Der Park existiert noch und steht heute mit dem **Potsdamer Tor** unter Denkmalschutz, während das Gebäude 1945 durch einen Brand zerstört wurde.

Landeshauptstadt Potsdam
Friedrich-Ebert-Straße 79/81
14469 Potsdam

Touristische Anfragen unter
T. 0331 27558899
info@potsdamtourismus.de
www.potsdam.de

Havelland

Zu den Besonderheiten des Havelverlaufs gehört, dass der Fluss von Norden kommt und, nachdem er Zweidrittel seiner Strecke zurückgelegt hat, wieder nach Norden fließt. Dabei beschreibt die Havel einen weit ausladenden U-förmigen Bogen, und der Raum, den sie mit ihren Armen zwischen Oranienburg im Nordwesten und Rhinow im Nordosten umfängt, das ist das Havelland: eine flache Niederung, die mit ihren Rinnenseen, unzähligen Gewässern, moorigen Luchgebieten, Kiefernwäldern, Wiesen und Feldern ein abwechslungsreiches Landschaftsbild schafft.

In ihrem mittleren Verlauf, zwischen Berlin-Tegel und Brandenburg gibt die Havel ihren reinen Flusscharakter auf und bildet viele rinnenartige Seen, die sich perlschnurartig aneinanderfügen. Die Abbildung zeigt den Blick von der Baumgartenbrücke, wo die Havel aus dem Schwielowsee tritt und ihren Lauf nach Norden fortsetzt.

Der Fluss, der dem historischen Gebiet seinen Namen gegeben hat, entspringt in der Mecklenburgischen Seenplatte südlich von Ankershagen und schlängelt sich über 334 Kilometer – die direkte Entfernung zwischen Quelle und Mündung beträgt allerdings nur 94 Kilometer – windungsreich und mit zweimaligem Richtungswechsel bis Havelberg, wo er etwas weiter nordwestlich in die Elbe mündet. Dabei beträgt der Höhenunterschied nur knapp 41 Meter.

Im Herzen dieses von der Havel und im Norden vom Flüsschen Rhin umschlossenen Gebiets liegt das **Havelländische Luch**, eine einstige Sumpflandschaft, die nach ihrer Trockenlegung „sich selbst zu Markte bringt – den Torf", wie Fontane die Wirtschaftlichkeit dieses Landstrichs beschrieb. „Seitdem es aufgehört hat, ein bloßer Sumpf zu sein, ist es ein großes Gras- und Torfland geworden." Der Ort Linum – heute bekannt als Storchendorf – wurde zu einem „Industriezentrum" der Torfgräberei.

Der Urzustand des Luchs – in dem in jedem Frühjahr weite Teile überschwemmt waren und einem großen See glichen, über dem einige Rasenparzellen wie grüne, schwimmende Inseln hervorragten – bestand bis 1718. Ab da begann unter Friedrich Wilhelm I. die Entwässerung.

Heute werden verschiedene Flächen im Winter und Frühjahr wieder geflutet, um Trappen, Kranichen, Gänsen und anderen Vogelarten sichere Rast- und Brutplätze zu schaffen. Im Südwesten des Havelländischen Luchs wurde ein circa 5500 Hektar großes Naturschutzgebiet und Europäisches Vogelschutzgebiet ausgewiesen, in dem eine Vielzahl seltener Vogelarten beheimatet ist. Den vom Aussterben bedrohten Großtrappen bietet es in Deutschland eines der letzten Refugien. Deren Überlebenschance scheint hier sehr realistisch zu sein, im Jahr 2016 ergab die Bestandserhebung 88 Vögel.

Neben dem einzigartigen Reiz dieser Landschaft sind es vor allem die **Großtrappen**, die das Havelländische Luch für Freunde der Ornithologie besonders interessant machen. Jedes Jahr von Anfang April bis Mai lockt die Balz der Vögel, deren Ablauf den Eindruck einer komplex gestalteten Choreographie erweckt, zahlreiche Besucher an. Um den Hennen zu imponieren, plustern sich die Hähne auf, wenden ihr Gefieder, so dass die weißen Unterseiten sichtbar werden, und fächern ihre Schwanzfedern oder klappen sie nach oben. Wenn sie in dieser Imponierpose vor den Weibchen hin und her trippeln, sehen sie aus wie vom Wind bewegte Federbälle.

Zur Beobachtung der Großtrappen im Havelländischen Luch stehen zwei Beobachtungstürme im Gebiet zwischen den Ortschaften Garlitz und Buckow zur Verfügung.

Besucherzentrum des Naturparks Westhavelland
Stremmelstraße 10
14715 Milower Land OT Milow
T. 03386 211227
www.westhavelland-naturpark.de

Kloster Lehnin

Etwa 25 Kilometer südöstlich der Stadt Brandenburg, in dem historischen Landesteil, der den Namen „Zauche" trägt, liegt inmitten einer seenreichen Endmoränenlandschaft und umschlossen von ausgedehnten Kiefernwäldern das ehemalige Zisterzienserkloster Lehnin. Im Jahre 1180 gegründet, war es die erste Niederlassung der Zisterzienser in der Mark. Nach einer alten Überlieferung, die der böhmische Geschichtsschreiber Pulkava (gest. um 1380) aufgegriffen hat, soll der Gründung folgendes vorausgegangen sein: Markgraf Otto I., der Sohn Albrecht des Bären, jagte einen Tag lang in den dichten Wäldern der Zauche und legte sich, müde geworden, an der Stelle nieder, wo später das Kloster gebaut wurde. Er schlief ein und hatte eine Vision. Im Traum sah er eine Hirschkuh, die ihn unentwegt bedrängte. Schließlich griff er zu Pfeil und Bogen und schoss sie nieder. Als er erwachte und den Traum erzählte, drangen die Seinen auf ihn ein, dass er an dieser Stelle eine Burg gegen die heidnischen Slawen errichten solle, denn die immer lästiger werdende Hirschkuh deuteten sie als ein Sinnbild des Heidentums, das in diesen Wäldern und Sümpfen noch immer einen festen Platz hatte. Der Markgraf beschloss, eine Burg zu gründen, aber eine, von der aus die teuflischen Widersacher durch die Stimmen geistlicher Männer weit fortgescheucht werden. Er ließ Zisterziensermönche aus Sittichenbach bei Eisleben kommen, die den Aufbau des Klosters betrieben. Der Name Lehnin ist dem slawischen Lehnije entlehnt und bedeutet Hirschkuh.

Lehnin war nicht nur das älteste Kloster in der Mark, es war auch das begütertste. Innerhalb seiner weit gespannten Begrenzungsmauern entstanden mit den Jahren neben dem eigentlichen Kloster und dessen Kirche weitere Einrichtungen wie Gästehäuser, Wirtschaftsgebäude, Schulen, Werkstätten und Versorgungshäuser für Kranke. „Alle diese Schöpfungen", schrieb Fontane, waren „eine gotische Stadt im Kleinen". Die Mönche entfalteten über das eigentliche Klosterleben hinausgehende Aktivitäten, die vor allem auf die Erschließung und den Ausbau der jungen Mark Brandenburg gerichtet waren.

Die Klosterkirche von Lehnin ist ein Backsteinbau mit einer halbkreisförmigen Apsis.

Der erste geistliche Führer des Klosters war Abt Sibold. Nach zehn Jahren im Amt schied er gewaltsam aus dem Leben; er wurde von hier wohnenden Wenden ermordet. Der letzte Abt war Valentin, der von 1509 bis 1542 amtierte. Unter seiner Fürsorge blühte das Kloster noch einmal in altem Glanz auf. Er kümmerte sich um weiteres Wachstum, vor allem aber lag ihm die Schönheit und die Ausschmückung des Klosters am Herzen; er stiftete Glocken, errichtete Altäre und schmückte die Kirche mit jenem prächtigen Altarschrein, der jetzt den Brandenburger Dom ziert.

In den Jahren nach der Auflösung des Klosters im Jahre 1542 verfielen die Baulichkeiten allmählich. In der Klosterkirche fanden zunächst noch Gottesdienste statt, bis auch sie im 18. Jahrhundert zur Ruine wurde. Für den Wiederaufbau, der ab 1871 erfolgte, hatte sich König Friedrich Wilhelm IV. eingesetzt. Ziel war es, die

Blick durch das Längsschiff der Klosterkirche zum Chorraum. Ein hohes Kreuzrippengewölbe unterstreicht seine architektonische Ästhetik.

Gebäude so originalgetreu wie möglich wiederherzustellen. Die Einweihung erfolgte am 24. Juni 1877 durch Kronprinz Friedrich III.

Zu der beachtenswerten Innenausstattung, gehören unter anderem der spätgotische Flügelaltar aus dem 15. Jahrhundert, eine hölzerne Taufe sowie einige von der historischen Einrichtung erhaltene Stücke, wie der gemauerte Hochaltar, verschiedene Grabplatten und zwei Gemälde zur Überlieferung der Erschlagung des ersten Abtes Sibold.

Von den übrigen klösterlichen Gebäuden sind Teile der Klausur mit dem Kreuzgang erhalten, ebenso das sogenannte Königshaus, das Korn- und Falkonierhaus.

In Lehnin lebte für längere Zeit der Schiftsteller Georg Wilhelm Heinrich Häring, bekannt unter dem Pseudonym Willibald Alexis, der Fontanes Zeitgenosse war. Er beschrieb den Ort in seinen Romanen „Die Hosen des Herrn von Bredow" (1846) und „Der Werwolf" (1847). Ein 1914 gesetztes Denkmal vor dem Waldfriedhof erinnert an ihn.

Touristinfo Kloster Lehnin
Markgrafenplatz 1
14797 Kloster Lehnin OT Lehnin
T. 03382 2363899
info@kloster-lehnin.net
www.klosterlehnin.de

Marquardt

„Ein altwendisches Dorf, ebenso anziehend durch seine Lage wie seine Geschichte", so urteilte einst Fontane über diese Örtlichkeit in seinem dritten „Wanderungen"-Band, der das Havelland zum Thema hat. Marquardt ist nach der Eingemeindung seit 2003 ein Ortsteil von Potsdam und liegt etwa 15 Kilometer nördlich des Zentrums am Schlänitzsee. Seinen besonderen Reiz verdankt der Ort dem **Schloss Marquardt**, einem barocken Herrenhaus aus dem 18. Jahrhundert, das an den vergangenen Adelssitz erinnert. Der dazugehörige **Schlosspark** – 1795 im Stil eines englischen Landschaftsparks angelegt und knapp zwei Jahrzehnte später nach Plänen von Peter Joseph Lenné umgestaltet – grenzt an das Seeufer und verfügt noch über einen alten Baumbestand. Schloss und Park wurden in der Vergangenheit häufig als Drehort für Filmproduktionen genutzt.

Schloss Marquardt mit einem von Peter Joseph Lenné gestalteten Landschaftspark liegt malerisch am Schlänitzsee.

Schloss Marquardt
Hauptstraße 7
14476 Potsdam OT Marquardt
T. 033237 859030
www.schloss-marquardt.com

Oranienburg

Das am nördlichen Rand des Ballungsgebiets von Berlin gelegene Oranienburg ist eine rasch wachsende Stadt. In den letzten hundert Jahren stieg ihre Einwohnerzahl um mehr als das Dreifache. Ihr Ursprung reicht in das 12./13. Jahrhundert zurück, als die Askanier an der Stelle, wo sich heute das Schloss Oranienburg befindet, eine Burg zur Sicherung ihres Vordringens aufwärts der Havel anlegten. Die dazugehörende Pfarrsiedlung wurde erstmals 1216 als Bochzowe – der Name ist slawischer Herkunft – in einer Bischofsurkunde erwähnt. Aus Bochzowe wurde 1483 Bötzow, und diesen Namen behielt die Stadt bis 1665. Erst dann wurde sie in Oranienburg umbenannt – nach dem Namen der ersten Ehefrau des Großen Kurfürsten, **Luise Henriette von Oranien** (1627–1667). Diesen Namen erhielt auch das Schloss, das für sie gebaut wurde. Obwohl das Portrait der Kurfürstin auf einer 100-Pfennig-Briefmarke der Deutschen Bundespost zigtausende Briefe geziert hat, ist ihr Bekanntheitsgrad hierzulande nur gering. Die Überlieferung weiß von einer ebenso tatkräftigen wie auch frommen Frau zu berichten, die nach Möglichkeit die Wunden heilen wollte, die der Dreißigjährige Krieg in diesem Landesteil hinterlassen hatte. „Aber ihre Frömmigkeit", schreibt Fontane, „war nicht von der bloß beschaulichen Art, und neben dem ‚bete' stand ihr das ‚arbeite'." Zu den Hauptanliegen der Kurfürstin gehörten neben dem Schlossbau die Gründung eines Waisenhauses und die Errichtung einer Kirche. Die hin und wieder noch ver-

Luise-Henriette-Denkmal auf dem Schlossplatz von Oranienburg. Sie war die erste Ehefrau des Großen Kurfürsten Friedrich Wilhelm.

tretene Behauptung, sie habe auch das bekannte
evangelische Kirchenlied „Jesus meine Zuver-
sicht" geschrieben, hält einer wissenschaftlichen Überprüfung allerdings nicht stand.

Wenn heute der Name Oranienburg fällt, dann
kommen weniger Erinnerungen an diese men-
schenfreundliche Kurfürstin auf, als an das
erste, 1933 mitten in der Stadt Oranienburg ein-
gerichtete Konzentrationslager Brandenburgs
und auch an das wenige Jahre später in der
Nachbarschaft gegründete **Konzentrationslager
Sachsenhausen**. Nach der Befreiung von der
nationalsozialistischen Herrschaft wurden die
Lagereinrichtungen zunächst von der sowjetischen Armee, später dann von der Nationalen
Volksarmee der DDR genutzt. Ab 1961 ist Sachsenhausen eine Gedenkstätte für die Opfer des
ehemaligen Lagers und nach der Neugestaltung
der Anlage auch ein Museum, das dem Besucher
die Geschichte an den authentischen Orten
erfahrbar machen will.

Fontane hingegen konnte sich noch allein auf
das konzentrieren, was vor diesem düsteren
Kapitel deutscher Geschichte in Oranienburg
war: **das Schloss**. Über seinen Aufenthalt im
Mai/Juni 1861 und die Recherchearbeit schrieb
er an seine Frau: „Die Ausbeute in Oranienburg
war ziemlich bedeutend." Dennoch war er ent-
täuscht darüber, dass nichts von der ursprünglichen Anlage aus der Zeit Luise Henriettes
erhalten geblieben war. „Jegliches ging
zugrunde, meist durch Feuer (...). Das Schloss,
die Kirche, das Waisenhaus von heute sind nicht

Schloss Oranienburg – einst ein von der Havel umflossenes Wasserschloss – wurde 1651 bis 1655 durch Johann Gregor Memhard und Michael Matthias Smids gebaut und in der nachfolgenden Zeit mehrfach verändert.

mehr das Schloss, die Kirche, das Waisenhaus von damals, und wenn wir von einem, übrigens in seiner Echtheit ebenfalls anfechtbaren Portrait absehen, so findet sich an Ort und Stelle nichts mehr, was sich mit Bestimmtheit auf die Zeit der Oranierin zurückführen ließe."

Mit den Umbauten zwischen 1688 bis 1709 in der Zeit des Markgrafen Friedrich III. und späteren Königs Friedrich I. (1657–1713) wurde das Schloss durch die Baumeister Johann Arnold Nering (1659–1695) und Johann Friedrich Eosander (1669–1728), genannt Eosander von Göthe, in einen Prachtbau umgewandelt. Zunächst entstand eine Dreiflügelanlage, die später zu einer H-Form erweitert wurde. An ein reich ornamentiertes Mittelstück mit der figurengeschmückten Attika lehnten sich zwei Vorder- und zwei Hinterflügel, von denen der südöstliche Trakt später durch ein Feuer zerstört und nicht wieder aufgebaut wurde. Sehenswert ist auch der westlich des Schlosses angelegte und 1878/79 in einen **Land-**

schaftspark umgestaltete Schlosspark mit einem Gartenportal von 1690 und der Orangerie. Bereits die Kurfürstin Luise Henriette hatte westlich vom Schloss die Anlage eines Lustgartens im holländischen Stil in Auftrag gegeben, der vorrangig für die Kultivierung von Bäumen, Blumen und Gemüse genutzt wurde. So soll sie unter anderem Kartoffeln und Blumenkohl in der Mark Brandenburg eingeführt haben.

Nach umfassenden Sanierungsarbeiten Ende der 1990er Jahre sind einige Bereiche des Schlosses der Öffentlichkeit wieder zugänglich; so beherbergt der Südwestflügel das Kreismuseum des Landkreises Oberhavel. Neben Skulpturen namhafter niederländischer Bildhauer werden auch zahlreiche Gemälde aus den Sammlungen des Großen Kurfürsten und König Friedrichs I. gezeigt.

Schlossmuseum Oranienburg
Schlossplatz 1
16515 Oranienburg
T. 03301 537-437
Weitere Informationen: siehe Internetseite der „Stiftung Preußischer Schlösser und Gärten"
Öffnungszeiten:
November bis März
Di–Fr 10–16 Uhr; Sa–So 10–17 Uhr
April bis Oktober
Di–So 10–18 Uhr
Montags bleibt das Museum geschlossen

Paretz

Als Sommersitz von König Friedrich Wilhelm III. und seiner Ehefrau Luise von Mecklenburg-Strelitz hatte das an die Havelwiesen grenzende Schloss Paretz einen idealen Standort.

Paretz ist ein kleines, nur 400 Einwohner zählendes Dorf etwa 15 Kilometer nordwestlich von Potsdam und gehört als Gemeindeteil zu dem benachbarten Städtchen Ketzin. Ein Ort der Ruhe, umgeben von den verlockenden Reizen einer schönen Natur. Was ihn aber zu einem beliebten Ausflugsziel macht, verdankt er vor allem seinem **Schloss**, das mit Park und Kirche ein landschaftsgestalterisches Gesamtkunstwerk bildet.

Die Ruhe und Abgeschiedenheit waren es, die im Jahre 1795 den damaligen Kronprinzen und späteren König Friedrich Wilhelm III. mit seiner Gemahlin Luise von Mecklenburg-Strelitz veranlasst hatten, die Liegenschaft Paretz zu erwerben und als Sommersitz auszubauen. Nach der Besitzübernahme begannen sogleich die Arbeiten am Bau eines neuen Schlosses. Die Ausführung erfolgte nach einem Plan des Oberbaurats David Gilly und auf Wunsch des Kronprinzen in bescheidenem ländlichen Stil. Zwei Jahre später begann auch die Umgestaltung des Dorfes und der ursprünglich mittelalterlichen **Kirche** in neugotischem Stil. Gleichzeitig mit dem Schloss entstand 1797 nach Vorstellungen Friedrichs und David Gillys der als Landschaftsgarten gestaltete Park.

In seinen „Wanderungen" schildert Fontane das Ambiente sehr ausführlich: „ Wohlangebrachte Durchblicke ließen die landschaftliche Fernsicht über die üppigen Havelwiesen und Seen nach den bewaldeten Höhen von Phöben und Töplitz hin frei. An einer anderen Stelle schweifte der Blick nach dem romantisch gelegenen Uetz, bis weiter hinaus zu den Höhen von Potsdam. Von anderen Standpunkten aus blickte man über die sich schlängelnde Havel nach der Stadt Werder und dem Wildpark und zur Rechten tief in die flache Zauche hinein, bis an die Wälder des Klosters Lehnin. (...) Es war ein Sommerschloß gewonnen, anmutig, hell, geräumig." In diesem neugeschaffenen Paretz erlebte das Königspaar – der Kronprinz hatte 1797 den Thron bestiegen – Tage glücklichen Familienlebens.

Nach dem Zweiten Weltkrieg wurde das Schloss enteignet, geplündert, und später jahrzehntelang verschiedenen Zwecken zugeführt. Nach umfangreicher Restaurierung präsentiert sich die einstige königliche Sommerresidenz wieder in alter Schönheit. Sehenswert sind die kunstvoll gearbeiteten, mit elysisch anmutenden Naturmotiven bemalten Papiertapeten.

Tourist-Information der Stadt Ketzin/Havel
Rathausstraße 18
14669 Ketzin/Havel
T. 033233 73830
tourismus@ketzin.de
www.tourismus.ketzin.de

Petzow

Petzow, ein Ortsteil der Stadt Werder, liegt sehr idyllisch auf einer Anhöhe zwischen dem Glindower See und dem Westufer des Schwielowsees. In der Vergangenheit schwelten auch hier, wie in der Nachbargemeinde Glindow, Tag und Nacht die Feuer der Ziegelöfen. Auf dem vom Dorf zum Seeufer abfallenden Stück Land steht inmitten eines ausgedehnten Parks das **Schloss Petzow**, eine ehemalige Gutsanlage, die

Das kastellartige Schloss Petzow ist eine ehemalige Gutsanlage, die im Besitz der Familie von Kaehne war.

der Familie von Kaehne gehörte. Der Bau wurde nach Plänen von Karl Friedrich Schinkel in der ersten Hälfte des 19. Jahrhunderts ausgeführt. Besondere charakteristische Akzente setzen die vier zinnenbekrönten Rundtürme und die Stufengiebel an den Stirnseiten. Der angrenzende, zum Seeufer abfallende, 16 Hektar große Park ist eine Schöpfung von Peter Joseph Lenné. Dort stand früher auch die Kirche des Dorfes, die man aber wegen Baufälligkeit aufgegeben hat. Auf einem weiter zurückliegenden Hügel, dem Grelleberg, entstand zwischen 1841–1842 eine neue

Kirche in einem, wie es König Friedrich Wilhelm IV. angeordnet hatte, romanisierenden Stil. Die Entwürfe für den Bau stammen von Schinkel. Auffallend ist der freistehende Turm, der durch eine zweiseitig offene Bogenhalle mit dem Schiff verbunden ist. Eine Apsis mit umlaufenden Blendarkaden unter der Dachtraufe schließt den Bau an der Ostseite ab.

In den 1980er Jahren wurde die Kirche, nachdem man sie Ende des Zweiten Weltkriegs dem allmählichen Verfall überlassen hatte, saniert. Seitdem dient sie als Veranstaltungsort für Konzerte, Ausstellungen und auch als Standesamt.

Auf einem Hügel erhebt sich die Dorfkirche, die in ihrem Baustil romanisierende Elemente erkennen lässt.

Heimatverein Petzow e.V.
Fercher Straße 50b
14542 Werder (Havel) OT Petzow
T. 03327 668379
petzower@t-online.de
www.petzow-online.de

Ribbeck

Der Ort ist ein ehemaliges Rittergut derer von Ribbeck und trat erstmals 1375 urkundlich im Zusammenhang mit dieser adligen Familie in Erscheinung. Seit Fontanes berühmter Ballade des „Herrn von Ribbeck auf Ribbeck im Havelland", in der nach einer alten Sage von einem großherzigen Gutsherrn berichtet wird, der Birnen an Kinder verschenkte, wird er heute gern mit dieser Geschichte in Verbindung gebracht. Birnen gibt es dort reichlich – nicht nur an Bäu-

Schloss Ribbeck ist das in der bekannten Ballade des „Herrn von Ribbeck auf Ribbeck im Havelland" vorkommende „Doppeldachhaus". Fontane schrieb das Gedicht 1898. Das heutige Gebäude ist ein zwischen 1893 und 1895 errichteter Neu- oder Erweiterungsbau einer zuvor bestehenden Anlage.

men. Die Birne ist schlechthin zu einem Markenzeichen des knapp 400 Einwohner zählenden Dorfes geworden. Doch Birnen sind nicht das einzige, was Ribbeck vorzuweisen hat.

Sehenswert ist das 1893 als Familiensitz derer von Ribbeck erbaute **Schloss**, das 1949 enteignet, später als Alten- und Pflegeheim genutzt und ab 2006 durch den Landkreis Havelland umfassend saniert und in ein kulturhistorisches Zentrum umgewandelt wurde. Neben einem Museum mit einem wechselnden Ausstellungs-

und Veranstaltungsprogramm beherbergt es heute eine Gastronomie. Zum ehemaligen Gutshof gehört neben dem Schloss auch die 1850 errichtete „**Alte Brennerei**", die wieder im Besitz der Familie von Ribbeck ist, und in der ein Veranstaltungsbereich eingerichtet wurde. In der 1841 gebauten, gegenüber dem Schloss gelegenen Alten Schule befinden sich ein kleines Café und das historische Klassenzimmer.

Die aus mittelalterlicher Zeit stammende und 1722 im barocken Stil umgestaltete **Dorfkirche** bekam Ende des 19. Jahrhunderts ihre heutige Gestalt. Im Inneren erinnert eine Gedenktafel an Hans Georg Carl Friedrich Ernst von Ribbeck (1799–1882). Außerdem wird hier eine „Reliquie" verwahrt, deretwegen viele Besucher die Kirche heute aufsuchen. Es ist ein Stück Stamm, der vom alten, im Fontane-Gedicht berühmt gewordenen Birnbaum stammt.

Tourismusverband Havelland e.V.
Theodor-Fontane-Straße 10
14641 Nauen OT Ribbeck
T. 033237 8590-30
info@schlossribbeck.de
www.havelland-tourismus.de

Sacrow

Der zu Potsdam gehörende Ort Sacrow ist bekannt durch sein Schloss aus dem Jahr 1773.

Die Heilandskirche wurde 1844 im italienischen Stil mit einem zwanzig Meter hohen Campanile errichtet. Horizontale Bänder mit blau glasierten Fliesen, eingearbeitet in die mit Backstein verblendeten Außenwände, verleihen dem sakralen Bau einen malerischen Reiz.

Der zur Stadt Potsdam gehörende Ort wurde bekannt durch ein Schloss, das der schwedische Generalleutnant Johann Ludwig Hordt 1773 erbaut hat, und den von Peter Joseph Lenné in den 1840er Jahren umgestalteten Park. Zu dieser Anlage gehört die **Heilandskirche**, der Sacrow die große Aufmerksamkeit verdankt. Sie steht am Ufer des von der Havel durchflossenen Jungfernsees und ist der vielleicht ungewöhnlichste Sakralbau der gesamten Region. Bei ihrem Anblick fühlt man sich ein wenig nach Italien versetzt. Sie geht auf Pläne Friedrich Wilhelms IV. zurück, der den Wunsch hatte, eine Kirche im Stil einer italienischen Basilika zu errichten. Nach Skizzen des Königs wurde der Plan schließlich von Ferdinand Ludwig Persius zwischen 1841 und 1844 umgesetzt. Auch der unmittelbare Standpunkt am Wasser, in dem sich die Umgangshalle mit ihren Säulenarkaden spiegelt, soll eine Idee des Monarchen gewesen sein. Mit der grazilen Schönheit des freistehenden „Campanile" und dem mit abwechselnd hellen und dunklen Ziegelstreifen gegliederten Mauerwerk erinnert der Bau an die frühchristlichen Gotteshäuser Italiens.

Durch den Bau der Berliner Mauer 1961 erlitt die Bausubstanz der Heilandskirche starke Einbußen, zumal der Turm zum Bestandteil der Grenzanlagen gemacht wurde. In den darauffolgenden Jahren verschlechterte sich ihr Zustand ganz erheblich. 1995 konnte sie schließlich wieder hergestellt werden, und seitdem finden dort regelmäßig Gottesdienste und auch Konzerte statt.

Die umlaufende Säulengalerie der Heilandskirche gewährt reizende Ausblicke auf die Flusslandschaft der Havel.

Sacrow war Fontane durch mehrmalige Besuche vertraut, umso erstaunlicher ist es, dass er die Heilandskirche, die er ebenfalls gekannt haben musste, mit keinem Wort in den „Wanderungen" erwähnte. In seinem Band über das Havelgebiet widmet er den wörtlich wiedergegebenen Tagebuchaufzeichnungen eines havelländischen Landgeistlichen, der Sacrow als Filialkirche seiner Pfarrei betreute, ein ganzes Kapitel. Mit diesen Aufzeichnungen wollte er „ein Zeit- und Sittenbild" aus dem letzten Viertel des 18. Jahrhunderts aufzeigen, in dem die „Laxheit des Herrenhauses" und die „Kümmerlichkeit der Pfarren" dargestellt werden.

Information

Auskunft über Öffnungszeiten der Heilandskirche erteilt das Büro der „Potsdamer Evangelischen Kirchengemeinde Pfingstkirche", zu der die Gemeinde Sacrow gehört.

T. 0330 293170
www.heilandskirche-sacrow.de

Werder (Havel)

Blick auf die Inselstadt Werder mit der Heilig-Geist-Kirche

Werder – der Name bedeutet Insel im Fluss – ist eine Wasserstadt, östlich von der Havel, westlich von deren Nebenarm, der Föhse, umflossen und umringt von mehreren Seen: Glindower See, Großer Plessower See, Großer Zernsee, Schwielowsee. Was Wunder, dass sich hier ein großer Teil der Freizeitaktivitäten auf dem Wasser abspielt: Baden, Segeln, Motorbootfahrten. Es gibt eine Schiffsverbindung nach Potsdam.

Werder ist aber auch eine Blütenstadt und ein riesiger Obstgarten. 16 Millionen Obstbäume sollen in seiner unmittelbaren Umgebung stehen. Im Frühjahr zur Blütezeit feiert die Stadt ihr berühmtes Baumblütenfest. Dass dabei auch der werdersche Obstwein verkostet wird, versteht sich von selbst. Sein Geschmack mag an Fruchtsaft erinnern, was zur Folge hat, dass seine alkoholische Wirkung von manch einem unterschätzt wird. Im **Obstbaumuseum** – es ist im ehemaligen Stadtgefängnis untergebracht – finden Besucher viel Wissenswertes nicht nur über Obstanbau und die Verladung der verpackten Früchte, die mit Schuten über die Havel nach Berlin transportiert wurden – Fontane hatte darüber ausführlich berichtet –, sondern auch über Fischerei und Weinanbau, die zu den ältesten Wirtschaftszweigen der Region gehörten. Bis ins 17. Jahrhundert unterhielten die Zisterziensermönche des Klosters Lehnin rund um Werder Weingärten.

Die Inselbrücke, die den westlich an Werder vorbeiführenden Havelarm, den man Föhse nennt, überquert, führt direkt in die Altstadt, die von der **Heilig-Geist-Kirche** mit spitzenreicher Gotik überthront wird. Sie steht auf der höchsten Stelle der Insel und ist bereits das dritte Gotteshaus an diesem Platz. Friedrich Wilhelm IV. hatte sich für den Bau dieser Kirche, die 1856 nach Plänen des preußischen Baumeisters August Stüler begonnen und im neugotischen Stil ausgeführt wurde, eingesetzt. Im Inneren findet man ein ehemaliges Altargemälde, das den Namen „Christus als Apotheker" führt. Fontane hatte das Bild in einer „Rumpelkammer", wie er den Sakristeiraum wenig respektvoll bezeichnete, entdeckt und fand es „so abnorm, so einzig in seiner Art", dass er davon eine ausführliche Beschreibung abgab.

Knapp ein Kilometer südlich von Werder liegt der Stadtteil → **Glindow**, der in früherer Zeit ein Zentrum der Ziegeleiindustrie war.

Manche Gassen der Altstadt verströmen dörfliches Flair.

Blick in den Chorraum der Heilig-Geist-Kirche

Tourismusbüro
Kirchstraße 6/7
14542 Werder (Havel)
T. 03327 783371
tourismus@werder-havel.de
www.werder-havel.de

Fontane-Orte von A bis Z
Spreeland

Fontane-Wanderwege

Theodor Fontane ist aus der märkischen Fremdenverkehrsindustrie nicht mehr wegzudenken. So gibt es mittlerweile auch ausgeschilderte Wander- bzw. Radwege, die seinen Namen tragen und deren Einrichtung die Idee verfolgt, Routen aufzuzeigen, die viele der Orte und Sehenswürdigkeiten verbindet, die der Dichter beschrieben hat. Die ersten 6 Routen, F1 bis F6, wurden bereits 1988 zum 90. Todestag des Dichters ausgewiesen. Mittlerweile sind weitere Wanderrouten ausgearbeitet worden, die den Namen Fontane tragen, etwa im „Naturpark Märkische Schweiz" oder im Ruppiner Land. Wen die Wanderlust packt – zu Fuß oder mit dem Fahrrad – findet ausführliche Informationen über den Streckenverlauf auf der Internetseite.

Überall im Land Brandenburg sind Fontane-Wanderwege ausgewiesen. Dieser Wegweiser steht in Falkenberg.

Information
www.fontaneweg.de

Großbeeren

Die wenige Kilometer vor der südlichen Stadt-grenze von Berlin gelegene Gemeinde spielt, touristisch gesehen, nicht in der ersten Liga. Ihre Bekanntheit verdankt sie weniger dem Reiz eines beliebten Ausflugsziels als einem Ort, an dem in der Vergangenheit wiederholt militäri-sche Auseinandersetzungen ausgetragen wur-den mit den Folgen von Verwüstungen und schmerzhaften Opfern unter der Bevölkerung. Von großer historischer Bedeutung ist eine Schlacht gegen Napoleon am 23. August 1813, die als **Schlacht von Großbeeren** in die Geschichtsbücher eingegangen ist. Sie war Teil der Befreiungskriege. Dem von Freiherr Fried-rich Wilhelm Bülow von Dennewitz und Bogis-law Graf von Tauentzien befehligten IV. preußi-schen Armeekorps gelang es mit Unterstützung weiterer Truppenteile von russischen und schwedischen Einheiten die gegenüberstehen-den Streitkräfte Napoleons und deren sächsi-sche Verbündete zu besiegen und somit ein erneutes Vordringen auf Berlin und die Beset-zung der Hauptstadt zu verhindern. So kommt es, schrieb Fontane, dass der Tag von Großbee-ren „ein Lieblingstag in unserer berlinisch-bran-denburgischen Geschichte geblieben ist, fast so beliebt und gefeiert wie Fehrbellin".

Zur Erinnerung an dieses historische Ereignis wurde 1817 auf dem Friedhof von Großbeeren auf Veranlassung König Friedrich Willhelms III. ein von Karl Friedrich Schinkel entworfenes **Ehrenmal** in Form einer gusseisernen, fünfein-halb Meter hohen gotischen Fiale errichtet. Ein

Sichtbarer Stolz auf den Sieg in der Schlacht von Groß-beeren: der Gedenk- und Aussichtturm dominiert den Stadtkern.

weithin sichtbares Wahrzeichen des Orts ist der 32 Meter hohe **Gedenk- und Aussichtsturm**, der ebenfalls das Andenken an den für Preußen so glücklichen Ausgang einer militärischen Auseinandersetzung bewahrt. Er wurde am hundertsten Jahrestag der Schlacht an einem zentralen Platz in Großbeeren eingeweiht und mit einem Museum ausgestattet. Von der Aussichtsplattform aus kann man bei günstigem Wetter über 30 Kilometer weit in das Umland schauen. Ein weiteres Denkmal ist die zehn Meter hohe **Bülow-Pyramide**. Sie wurde auf dem ehemaligen Windmühlenhügel, einer der Stellen, wo damals gekämpft wurde, aus Granitfindlingen errichtet, die Berliner Bürger auf dem Schlachtfeld gesammelt hatten, und 1906 eingeweiht. Auf einer angebrachten Tafel ist der Ausspruch des Generals Bülow zu lesen: „Unsere Knochen sollen vor Berlin bleichen, nicht rückwärts." Jedes Jahr wird im Rahmen eines Volksfestes der Sieg über Napoleon mit nachgestellten Schlachtszenen in historischen Uniformen gefeiert.

Die zehn Meter hohe Pyramide mit Gedenktafeln erinnert an General Friedrich Wilhelm Bülow von Dennewitz, der die siegreichen Truppen in der Schlacht von Großbeeren befehligte.

Gedenkturm/Museum
Dorfaue
14979 Großbeeren
Auch außerhalb der Öffnungszeiten sind Führungen für Gruppen nach vorheriger Vereinbarung möglich unter: T. 033701 3288-43 oder T. 033701 3288-11
Öffnungszeiten: Mai bis September: jeden 2. und 4. Sonntag im Monat von 15–18 Uhr.
Siehe auch: www.grossbeeren.de

Königs Wusterhausen

Die Stadt – kurz KW genannt – gehört zum Berliner Ballungsraum und liegt etwa 30 Kilometer südlich der Hauptstadt.

In alten Zeiten, als das Gebiet von Wenden besiedelt war, stand hier das Dorf Wustrow. Der Name kommt aus dem Slawischen und bedeutet „umflossener Ort", was sehr trefflich auch heute noch die von zahlreichen Gewässern umgebene Lage deutlich macht. Unter dem Einfluss deutscher Besiedlung wurde der Name in Wendisch Wusterhausen umgewandelt. Dieser Ort war eine markgräfliche Burg und blieb es bis gegen 1370. Danach fiel der Besitz in verschiedene Hände bis er 1683 an den späteren König Friedrich I. kam, der ihn 1698 seinem damals erst zehn Jahre alten Sohn, dem späteren König Friedrich Wilhelm I., überließ.

Schon als Knabe verbrachte der Kronprinz viel Zeit in Wendisch Wusterhausen. Und auch später nach seinem Regierungsantritt blieb er dem Ort eng verbunden. Er ließ Straßen und Grünflächen anlegen, und machte die einstige Burg zu einem **Jagdschloss**, das diese Bezeichnung aufgrund der waidmännischen Festlichkeiten, die hier stattfanden, auch verdiente. Der Ort war die bevorzugte Residenz des Königs, der jährlich mehrere Monate mit seiner Familie hier verbrachte. So scheint es nur folgerichtig, dass 1718 aus dem Wendisch ein Königs Wusterhausen wurde.

Auch seine Tochter, Prinzessin Wilhelmine, die Lieblingsschwester Friedrichs des Großen, kannte das Schloss von ihren Besuchen her. In

Schloss Königs Wuster-
hausen ist eng mit dem Soldatenkönig Friedrich
Wilhelm I. verbunden, der
es als Prinz 1698 von seinem Vater zum Geschenk
erhielt.

ihren Memoiren wird deutlich, dass die Eindrücke von dem Anwesen und die Aufenthalte dort
nicht mit den angenehmsten Erinnerungen verbunden waren. „Der Turm war ein ehemaliger
Diebswinkel, von einer Bande Räuber erbaut,
denen das Schloß früher gehört hatte. (...) Am
Eingang in den Schloßhof hielten zwei Bären
Wacht, sehr böse Tiere, die auf ihren Hintertat-
zen umherspazierten, weil man ihnen die vorde-
ren abgeschnitten hatte. (...) Meine Schwester
Charlotte und ich hatten für uns und unser ganzes Gefolge nur zwei Zimmer oder vielmehr
zwei Dachstübchen. (...) Wir waren immer vier-
undzwanzig Personen zu Tisch, von denen drei
Viertel jederzeit fasteten, denn es wurden nie
mehr als sechs Schüsseln aufgetragen, und diese
waren so schmal zugeschnitten, daß ein nur
halbwegs hungriger Mensch sie mit viel
Bequemlichkeit allein aufzehren konnte. (...) In
Berlin hatte ich das Fegfeuer, in Wusterhausen
aber die Hölle zu erdulden."

Als Fontane bei seinem Aufenthalt in Königs Wusterhausen den Schlossturm erstmals sah – es war in den Abendstunden – und sich dabei an die Beschreibung der Prinzessin erinnerte, fragte er sich: „War es wirklich so arg mit ihm? Er stand da, mondbeschienen, mit der friedlichsten Miene von der Welt, eher an Idyll und goldene Zeiten als an Fegfeuer und Hölle gemahnend."

Die äußere Gestalt des Renaissancebaus hat sich seit dem späten 16. Jahrhundert kaum verändert und präsentiert sich als zweigeschossiger Putzbau mit Satteldächern und einem aus der Mittelachse verschobenen Treppenturm. Der Schlosshof ist von zwei langen, zweigeschossigen Bauten seitlich eingefasst.

Königs Wusterhausen hat weitere beachtenswerte Gebäude. Dazu gehören unter anderem der 1866 zur Einweihung der Eisenbahnlinie Berlin-Görlitz gebaute **Bahnhof**, die von Kaiser Wilhelm II. gestiftete Schule für **Blinde und Sehbehinderte**, ein ehemaliger **Wasserturm**, in dem jetzt ein Café unterhalten wird, und schließlich das historische Gebäude des Heimatmuseums, das sich im ehemaligen Königlichen Forstamt gegenüber dem Schloss eingerichtet hat.

Tourismusverband Dahme-Seen e.V.
Bahnhofsvorplatz 5
15711 Königs Wusterhausen
T. 03375 2520-19
www.dahme-seen.de

Im Südosten Berlins, dort wo die Flüsse Spree und Dahme zusammenfließen, liegt das über 800 Jahre alte Köpenick. Es ging aus einer alten slawischen Burgsiedlung hervor, die schon lange existierte, als die Deutschen unter Albrecht dem Bären ins Land kamen. Dort residierte der letzte Wendenfürst Jaxa, an dessen Bekehrung zum Christentum die im 18. und 19. Jahrhundert entstandene Schildhornsage anknüpft.

Im 13. Jahrhundert wurde die slawische Burg durch eine deutsche ersetzt. In einer ersten schriftlichen Erwähnung wird der Ort als Copenic bezeichnet. Nach dem Teltow-Krieg, in dem es um die Vorherrschaft in den östlichen Landesteilen ging, siegten die askanischen Markgrafen der Mark Brandenburg über den Wettiner Markgraf von Meißen und nahmen Köpenick in ihren Besitz. Seit diesem Zeitpunkt gehörte die Stadt ohne Unterbrechung zur Mark Brandenburg.

In seinem „Wanderungen"-Bericht über Köpenick widmet sich Fontane ausschließlich dem **Schloss**. Dabei unterscheidet er ein altes, ein mittleres und ein neues Schloss. Das alte existierte bis 1550, während das mittlere ein Jagdschloss im Stil der Renaissance für den Kurfürsten Joachim II. war und etwas mehr als hundert Jahre bestand. Das dritte, heute noch vorhandene Schloss zeigt sich im barocken Stil und wurde nach Plänen des niederländischen Malers und Architekten Rutger van Langervelt zwischen 1677 und 1690 durch Erweiterungen wie auch Veränderungen der bestehenden Anlage

für den Kurprinzen Friedrich, den späteren
König Friedrich I., geschaffen. Wann der Kurprinz mit seiner Gemahlin Elisabeth Henriette
von Hessen-Kassel dort Einzug hielt, lässt sich
nicht mit Bestimmtheit sagen, aber es dürfte
um 1680 gewesen sein.

In der Zeit des Soldatenkönigs Friedrich Wilhelm I., der den Ort für seine Jagdausflüge in die
umliegenden Wälder schätzte, erlebte das
Schloss eine der interessantesten Episoden der
preußischen Geschichte. Am 28. Oktober 1730
trat im sogenannten Wappensaal das Kriegsgericht zusammen, um über den 18-jährigen Kronprinzen Friedrich, den späteren Friedrich den
Großen, und dessen Freund Leutnant Hans Hermann von Katte zu urteilen. Die Anklage lautete
auf Fahnenflucht. Ausgangspunkt dieses Dramas war ein Vater-Sohn-Konflikt. Der Kronprinz,
der unter dem Drill und den wiederholten
öffentlichen Demütigungen seines cholerisch
veranlagten Vaters litt, hatte geplant, sich durch
eine Flucht nach England diesen andauernden
Qualen zu entziehen; sein Freund Katte sollte
ihm bei der Durchführung behilflich sein. Der
Fluchtversuch wurde vereitelt, und nun standen
die beiden vor Gericht. Im Fall des Kronprinzen
erklärten sich die fünfzehn Offiziere des Kriegsgerichts für nicht zuständig, während Katte zu
lebenslangem Festungsarrest verurteilt wurde.
Mit dieser Entscheidung war König Friedrich
Wilhelm I. nicht einverstanden. Mit der Bemerkung, „Sie sollen Recht sprechen und nit mit
dem Flederwisch darübergehen" schickte er

eine Nachricht von Schloss Wusterhausen nach Köpenick und forderte vom Gericht eine härtere Bestrafung. Doch auch in einer zweiten Sitzung blieb das Gericht bei seinem ursprünglichen Urteil. Daraufhin erfolgte der königliche Machtspruch, der den lediglich zu lebenslanger Haft verurteilten Leutnant Katte mit dem Tode bestrafte.

Im dritten Band seiner Wanderungen berichtet Fontane ausführlich über den Verlauf der Gerichtsverhandlung und das Prozedere der Hinrichtung, die am 6. November vor dem Schloss von Küstrin stattfand.

Schloss Köpenick blickt auf eine wechselvolle Geschichte zurück, sowohl was seine baulichen Veränderungen als auch die Besitzverhältnisse betrifft.

Schloss Köpenick gehört zu den bedeutendsten Bauten aus der Hinterlassenschaft der Hohenzollern. Es liegt in der Altstadt auf einer Insel in der Dahme und ist durch eine Brücke über den Schlossgraben mit dem Festland verbunden. Seit der Zeit des Großen Kurfürsten wurde die Anlage mehrfach verändert, umgebaut, erweitert und nach einer umfassenden Sanierung in

Dem Schloss Köpenick gegenüber steht die barocke Schlosskirche, die von 1682 bis 1685 nach Entwürfen von Johann Arnold Nering errichtet wurde.

jüngster Zeit der Öffentlichkeit wieder zugänglich gemacht. Heute beherbergt es eine Niederlassung des **Kunstgewerbemuseums** der Staatlichen Museen von Berlin. Die Dauerausstellung „Raumkunst aus Renaissance, Barock und Rokoko" macht den Besucher mit der Ausstattungskunst des 16. bis 18. Jahrhunderts vertraut. Zeitgleich mit dem Umbau des Schlosses in der zweiten Hälfte des 17. Jahrhunderts wurde auch der **Schlosspark** als Barockgarten angelegt. Die heutige Anlage gleicht einem Landschaftspark mit altem Baumbestand, darunter auch eine über 350 Jahre alte Flatterulme. Rhododendrenbüsche schaffen in der Blütezeit bunte Akzente. Die 1682–1685 gebaute **Schlosskirche** ist eine Schöpfung von Johann Arnold Nering, der bereits an den baulichen Erweiterungen des Schlosses beteiligt war. Die Innenausstattung verzichtet weitgehend auf schmückende Elemente oder religiöse Darstellungen. Allerdings machen die klassizistischen und figürlichen Stuckelemente an Wänden und Decke die einstige Funktion als Hofkirche deutlich.

Alt-Köpenick ist die älteste Straße. Sie wurde Ende des 12. Jahrhunderts im Zusammenhang mit der Siedlungsgründung angelegt und hieß ursprünglich Schlossstraße. Während die meisten der hier stehenden Wohngebäude aus dem 19. Jahrhundert stammen, gibt es auch einige, die ein Jahrhundert älter sind.

Sehenswert ist auch das neue **Rathaus** in der Straße Alt-Köpenick 21. Es wurde in mehreren Bauphasen errichtet und im Oktober 1905 einge-

Das Köpenicker Rathaus wurde von 1901 bis 1905 gebaut und in späteren Jahren nochmals erweitert.

weiht. Architektonisch bemerkenswert sind die im Stil der Backsteingotik gestaltete Außenfassade mit Rathenower Verblendsteinen sowie die Kreuzrippengewölbe der Korridore. Vor dem Haupteingang steht eine Bronzestatue, die an den „Hauptmann von Köpenick" erinnert, einen aus dem ostpreußischen Tilsit stammenden Schuhmacher namens Wilhelm Voigt (1849–1922), der den Ort weltbekannt gemacht hat und auch heute noch für die touristische Werbung eingesetzt wird. Als Hauptmann des preußischen 1. Garderegiments verkleidet, drang er am 16. Oktober 1906 mit Soldaten, die er mit seiner Maskerade getäuscht hatte, in das Rathaus ein, verhaftete den Bürgermeister und raubte die Stadtkasse. Das Thema fand seitdem vielfache künstlerische Verwertung; am bekanntesten ist die Verfilmung von Carl Zuckmayers Drama „Der Hauptmann von Köpenick". Der Film, in dem Heinz Rühmann die Titelrolle spielt, kam 1956 in die Kinos.

Der Hauptmann von Köpenick: Seine Bronzestatue ziert den Eingang des Rathauses.

In unmittelbarer Nähe des Rathauses erstreckt sich entlang des Dahmeufers der **Luisenhain**, der zum Flanieren und Verweilen einlädt. 1908 als öffentlicher Park angelegt, wurde er ab 2006 umgestaltet. Hier befindet sich auch eine Schiffsanlegestelle, die Ausgangspunkt ist für Ausflugsfahrten zum Müggelsee oder rund um die Müggelberge.

In einem Fachwerkhaus aus dem Jahre 1665 ist das **Museum Köpenick** untergebracht. Die Ausstellungen befassen sich mit der Regionalgeschichte und den traditionell ansässigen Gewerben. Dabei wird auch dem sogenannten Hauptmann von Köpenick Aufmerksamkeit geschenkt.

Museum Köpenick
Alter Markt 1
12555 Berlin
T. 030 902973350
www.museum-treptow-Koepenick.de

Touristinformation Berlin-Köpenick
Alt-Köpenick 31
12555 Berlin
T. 030 6557550/51
www.tkt-berlin.de

Lehde

Ein vielbesuchtes Ausflugsziel im Oberspreewald ist der zu Lübbenau gehörende Ort Lehde.
Die große Dorfstraße wird von der Spree gebildet, die von ihr abzweigenden Kanäle sind die
Seitengassen. Blockhäuser mit kleinen, blumen-
geschmückten Fenstern säumen die Ufer.
Dazwischen Blumenbeete, Obstbäume, hier und
da ein Heuschober oder ein Stapel aufgeschich-
tetes Erlenholz. Man erreicht den Ort zu Fuß,
schöner noch geht es mit dem traditionellen
Verkehrsmittel – dem Kahn. Die Anlegestelle an
einem Ausflugslokal mag vielen, die hier „von
Bord gehen", die Frage nach dem weiteren Verlauf ihres Aufenthaltes erleichtern. Ein Besuch
des **Freilandmuseums** ist für alle, die sich über
Wohn- und Lebensweise der Spreewaldbewoh-
ner und deren sorbische Wurzeln informieren
möchten, unerlässlich.

Viele Besucher lockt das alljährlich veranstal-
tete **Lehde-Fest** mit einem Kahnkorso an, bei
dem die Frauen ihre Spreewälder Tracht tragen.

Malerischer Winkel im
Spreewalddorf Lehde

Ziel vieler Kahnfahrten ist
das Gasthaus „Zum fröhli-
chen Hecht" in Lehde.

Tourist-Information
Ehm-Welk-Straße 15
03222 Lübbenau/Spreewald
T. 03542 887040
info@luebbenau-spreewald.com
www.luebbenau-spreewald.de

Lübben

Hatte Fontane in der Eigenschaft als Wanderer seine erste Tour durch das Ruppiner Land unternommen, so führte ihn bereits die zweite Reise vom 6. bis 8. August 1859 in das Spreewaldgebiet.

Für die von Berlin Anreisenden ist Lübben das Einfallstor zum Spreewald, obwohl das zehn Kilometer weiter spreeaufwärts gelegene Lübbenau als eigentlicher Ausgangsort für eine Spreewaldfahrt gilt. Von beiden Städten aber kommt Lübben, das 1220 das Magdeburger Stadtrecht erhielt, historisch die größere Bedeutung zu.

Lübben wurde erstmals Mitte des 13. Jahrhunderts urkundlich erwähnt. Ein Teil der mittelalterlichen Stadtbefestigung mit rundem Eckturm sowie einem Wiekhaus blieben erhalten.

Zeitweise war es Nebenresidenz der sächsischen Kurfürsten. Die Entwicklung der Stadt profitierte von der günstigen geografischen Lage an einem Verkehrsknotenpunkt und einer Stelle, wo der kürzeste Übergang über die Spreewaldniederung möglich war. Von der um Mitte des 15. Jahrhunderts angelegten mittelalterlichen **Stadtbefestigung** blieb ein Rest mit einem runden Eckturm und einem Wiekhaus erhalten.

Gegen Ende des Zweiten Weltkriegs stand Lübben in der Schlacht um Berlin für kurze Zeit im Fokus der russischen Angriffsplanung. Von hier sollte der Einmarsch auf die Hauptstadt erfolgen. Bei den heftigen Häuserkämpfen wurde die Stadt zu 85 Prozent zerstört. Von den Wunden konnte sie sich nur langsam wieder erholen.

Das heutige Stadtbild wird bestimmt durch die **Pfarrkirche**. Sie steht am Marktplatz und trägt seit 1931 den Namen des protestantischen Liederdichters **Paul Gerhardt**, der hier von 1669 bis 1676 die letzten sieben Jahre seines Lebens als Erzdiakon gewirkt hat. Er starb in Lübben und wurde vor dem Altar der Kirche beigesetzt. Ein lebensgroßes Ölbild im Altarraum, eine Gedenktafel, ein Bleiglasfenster mit einem Brustbild, vor allem aber das von Friedrich Pfannschmidt geschaffene **Denkmal** vor der Kirche erinnern an den bekannten Kirchenliederdichter.

Die dreischiffige Hallenkirche wurde zwischen 1494 und 1505 wahrscheinlich unter der Mitverwendung von Resten eines Vorgängerbaus errichtet. Zur sehenswerten Ausstattung gehören ein Altaraufsatz aus Kalkstein, der unter anderem Szenen aus dem Leben Jesu darstellt, ein 1610 geschaffenes Taufbecken und eine Kanzel, die beide ebenfalls aus Kalkstein gefertigt wurden, sowie ein spätgotisches Triumphkreuz aus dem 16. Jahrhundert.

Am Südrand der Lübbener Altstadt steht das **Schloss Lübben**. Es ist ein dreigeschossiger Renaissancebau aus der zweiten Hälfte des 17. Jahrhunderts und ging aus einer mittelalterli-

Schloss Lübben ist ein dreigeschossiger Renaissancebau aus der zweiten Hälfte des 17. Jahrhunderts. Es ging aus einer im 12. Jahrhundert errichteten mittelalterlichen Wasserburg hervor. Zu den auffälligsten architektonischen Besonderheiten gehört der mit korinthischen Halbsäulen und Voluten geschmückte Ostgiebel. Ältester Bauteil der heutigen Anlage ist der Turm mit quadratischem Grundriss.

chen Wasserburg hervor. Nach mehrmaligen baulichen Veränderungen und Instandsetzungen erhielt es sein heutiges Aussehen. Architektonische Akzente setzen der mit korinthischen Halbsäulen und Voluten geschmückte Giebel an der Ostseite, ein reich dekoriertes Portal mit einem sächsischen Wappen an der Nordseite sowie ein mächtiger romanisch wirkender Rundturm aus dem 14. Jahrhundert. Hinter dem Schloss, durch ein Fließ getrennt, liegt die zu einem Park gestaltete Schlossinsel.

Seit 2001 beherbergt das Schloss das Stadt- und Regionalmuseum sowie ein Café. Neben der Dauerausstellung, die sich hauptsächlich mit der lokalen Geschichte sowie der Niederlausitz befasst, bietet die Einrichtung auch ein Veranstaltungsprogramm an.

Paul-Gerhardt-Kirche
Am Markt 1
15907 Lübben/Spreewald
T. 03546 3142
www.paul-gerhardt-luebben.de

Stadt- und Regionalmuseum Lübben
Ernst-von-Houwald-Damm 14
15907 Lübben/Spreewald
T. 03546 187478
www.museum-luebben.de

Lübbenau ist eine Gurkenstadt. Es gibt eine Gurkenkönigin, einen Gurkenmarkt, ein Gurkenmuseum und einen Gurkenradweg. Etwa 40 000 Tonnen Gurken werden jährlich im Spreewald geerntet. Ein großer Teil davon wird hier vermarktet, von hier werden sie in die ganze Welt verschickt. Selbst in New York oder Sydney findet man die in Essig, Salz und Gewürzen eingelegten Gurken in den Regalen der Supermärkte. Spreewälder Gurken sind eine geschützte geografische Marke.

Der Anbau von Gurken hat im Spreewald wie in der übrigen Lausitz eine lange Tradition. Bereits seit dem 8. Jahrhundert wird dieses Gemüse hier kultiviert, und man vermutet, dass Gurkensamen einst von der sorbischen Bevölkerung aus ihrer Herkunftsregion mitgebracht wurde.

Eine Kahnfahrt erschließt die eigentümliche Welt des Spreewaldes. Zentrum für eine solche Unternehmung ist Lübbenau, das mit der größten Hafenanlage der Region punktet.

Lübbenau, das als heimliche Hauptstadt des Gebiets betrachtet wird, ist das Herz des Spreewalds. Vom großen Spreewaldhafen aus starten die reizvollen **Kahnfahrten** in die etwa 45 Kilo-

meter lange und bis 10 Kilometer breite Fluss-
insellandschaft, die gebildet wird durch zahl-
lose Verästelungen von Spree und Malxe. In
beschaulicher Fahrt gleiten die Boote über die
Fließe des Spreewaldes, ziehen vorbei an Wiesen
mit ihren zwiebelförmigen Heuschobern, an Feldern und Blockhäusern. Ziel oder Zwischen-
stopp ist in der Regel ein Ausflugslokal.

Die traditionellen flachen Kähne sind aus Holz
gebaut, neuerdings sieht man häufiger auch solche aus Aluminium. Sie werden durch Staken mit
vier Meter langen Holzstangen vorwärtsbewegt.

Als Ausgangspunkt für einen Bummel durch die
Altstadt mit ihren verwinkelten Gassen und Bürgerhäusern bietet sich die **Pfarrkirche St. Nikolai** an, in der Fontane während seiner Spreewaldfahrt einer Predigt in wendischer Sprache
gelauscht hatte. Ihr hoch aufragender Turm ist
schon von weitem sichtbar. Der einschiffige
Barockbau entstand in den Jahren 1738–1741
nach Plänen des Festungsmaurermeisters Gottfried Findeisen aus Dresden. Da die Stadt zu
jener Zeit zum Königreich Sachsen gehörte,
wundert es nicht, dass das Innere der Kirche an
den Stil Dresdner Barockkünstler erinnert. An
den Längsseiten des Innenschiffs befinden sich
zweigeschossige Emporen, während der Altarraum von Anbauten für Patronatslogen flan-
kiert wird. Rechts vom Altar befindet sich das
Grabmal des Auftraggebers des Kirchenbaus,
Moritz Carl Graf zu Lynar. Der aus Bronze gefertigte Taufengel ist der Abguss eines dänischen
Originals und wurde 1864 in der Werkstatt des

Die Stadtkirche St. Nikolai
dominiert den Marktplatz
von Lübbenau. Da in der
Vergangenheit hier viele
Straßen Wasserläufe der
Spree waren, stand sie
ursprünglich auf Holzpfäh-
len. Erst in jüngerer Zeit
wurde ihr Fundament durch
Betoninjektion gesichert.

preußischen Bildhauers Christian Daniel Rauch angefertigt.

Das **Schloss Lübbenau** ist ein klassizistisches Bauwerk, das auf eine mittelalterliche Wasserburg zurückgeht. Etwa um 1600 erfolgte ein Umbau zu einem repräsentativen Renaissanceschloss mit zwei Flügeln, während es sein heutiges Aussehen 1839 durch den Architekten Homann erhielt. Zwei mächtige Türme mit quadratischem Grundriss flankieren die Rückseite des mittleren Trakts. Heute wird das Schloss als Hotel geführt. Am Rand des Schlossparks steht die klassizistische Orangerie, deren Räume für private Feiern genutzt werden können.

Schloss Lübbenau befand sich seit 1621 im Besitz der Grafen von Lynar. Nach dem Attentat auf Hitler, an dem Wilhelm Graf zu Lynar beteiligt war, wurde es enteignet. Heute bietet es als Hotel seinen Gästen ein ansprechendes Ambiente.

Das **Spreewaldmuseum** nimmt seinen Platz im sogenannten, 1850 errichteten Torbogenhaus ein, das früher als Rathaus, Gericht und Gefängnis genutzt wurde. Mit heimatkundlichen Sammlungen bringt es den Besuchern die Geschichte und Volkskunst des Spreewaldes näher und gewährt Einblicke in das wirtschaft liche Leben und den Alltag früherer Zeiten. Liebhaber nostalgischer Eisenbahnen werden sich besonders für die historische **Spreewaldbahn** interessieren. Es wird die Möglichkeit geboten, in das Lokführerhaus der originalen Dampflok 995703 zu steigen und einen Blick auf die alten Instrumente zu werfen.

Spreewald-Touristeninformation Lübbenau e.V.
Ehm-Welk-Straße 15
03222 Lübbenau/Spreewald
T. 03542 887040
info@luebbenau-spreewald.com
www.luebbenau-spreewald.de

Schloss-Lübbenau
Schlossbezirk 6
03222 Lübbenau/Spreewald
T. 03542 8730
info@schloss-luebbenau.de
www.schloss-luebbenau.de

Spreewaldmuseum
Topfmarkt 12
03222 Lübbenau/Spreewald
T. 03542 2472
spreewaldmuseum@museum-osl.de
www.museums-entdecker.de

Mittenwalde

Mittenwalde liegt südlich von Berlin in einem kleinen Naturparadies, das sich „Dahme-Seenland" nennt und als Ausflugsgebiet heute sehr geschätzt wird. Charakteristisch für diese sanft hügelige Heidelandschaft, durch die sich der Fluss Dahme windet, sind die von dunklen Kiefernwäldern umschlossenen glitzernden Spiegel malerischer Seen.

Von allen Orten dieses Landstrichs hat Mittenwalde am deutlichsten sein mittelalterliches Aussehen bewahren können.

Etliche Anzeichen und archäologische Funde, wie Münzen und alte Gräber, deuten darauf hin, dass hier in früher Vergangenheit ein anderes Mittenwalde gestanden haben muss. Der heutige **Altstadtkern** mit seinen winkligen Gassen war ver-

Im 13. Jahrhundert war Mittenwalde als Grenzfeste hart umkämpft. Von der mittelalterlichen Befestigung sind noch Teile der alten Stadtmauer mit dem Berliner Tor und dem Pulverturm erhalten.

mutlich die bereits im 13. Jahrhundert vorhandene Siedlung, die von den brandenburgischen Markgrafen, nachdem diese das Herrschaftsgebiet nach dem Teltow-Krieg von den Wettinern übernommen hatten, ausgebaut und erweitert wurde.

Von der ehemaligen mittelalterlichen **Stadtbefestigung** sind noch das spätgotische **Berliner Tor** aus dem 15. Jahrhundert und der runde **Pulverturm** erhalten. In etlichen Straßenzügen, wie etwa in der Katharinen- oder Paul-Gerhardt-Straße, stehen noch Fachwerkhäuser aus dem 18. und 19. Jahrhundert.

Auch die **St.-Moritz-Kirche** stammt aus der frühen Zeit. Der erste Bau, eine Feldsteinkirche, wurde im 14. Jahrhundert in eine dreischiffige Hallenkirche im Stil der Backsteingotik umgewandelt. Deutlich moderner ist der reich gegliederte und mit architektonischem Schmuckwerk versehene Turm, der 1877/78 nach Plänen des preußischen Architekten Johann Eduard Jacobsthal gebaut wurde.

Im Inneren fällt ein spätgotischer Schnitzaltar ins Auge, ein Werk aus dem Jahr 1514. Bei geöffnetem Schrein erscheint in der Mitte eine figurenreiche Kreuzabnahme, in einem anderen Teil treten Heiligenfiguren hervor. Ist der Schrein geschlossen, zeigen die Altarflügel Gemälde, die an den Cranachschen Stil erinnern. Zu der weiteren bedeutsamen Ausstattung gehören das auffallend schön geschnitzte Chorgestühl sowie die um 1500 geschaffene hölzerne Skulptur eines Papstes. Von besonderem Interesse ist auch ein Bild mit der Darstellung des Kirchenliederdichters **Paul Gerhardt**, das nach einem in der Kirche von Lübben befindlichen Original angefertigt wurde.

Auch die Paul-Gerhardt-Statue vor der Moritzkirche ist eine Kopie des Bildwerks von Friedrich

Die Backsteinkirche St. Moritz wurde auf einem Sockel von Feldsteinquadern errichtet. An ihrer Südseite steht das Denkmal für Paul Gerhardt, der hier sechs Jahre lang als Probst gewirkt hat.

218

Zu den wertvollen Teilen der Innenausstattung gehört ein großer Flügelaltar aus dem Jahr 1514.

Pfannschmidt, das vor der Kirche in Lübben steht.

Paul Gerhardt war von 1651 bis 1657 Propst in Mittenwalde, und es ist sehr wahrscheinlich, dass hier, vielleicht im Garten des Propsteigebäudes, einige seiner schönsten Lieder entstanden sind, wie etwa „Befiehl du deine Wege".

Touristeninformation der Stadt Mittenwalde
Haus des Gastes
Karl-Marx-Straße 1
15749 Mittenwalde/Motzen
T. 033769 20621
tourismus@mittenwalde.de
www.mittenwalde.de

Müggelberge

Kurz bevor sich die Flüsse Spree und Dahme – früher auch Wendische Spree genannt – bei Köpenick vereinen, steigen die Müggelberge aus dem sonst flachen Umland auf. „Sie liegen da wie der Rumpf eines fabelhaften Wassertieres, das hier in sumpfiger Tiefe zurückblieb, als sich die großen Fluten der Vorzeit verliefen", so der Eindruck Fontanes. Weniger poetisch ausgedrückt und aus nüchterner geologischer Sicht betrachtet, ist das Berliner „Kleingebirge" aus Ablagerungen der vorletzten Saale- als auch der jüngsten Weichseleiszeit aufgebaut, die durch den Druck des Gletschereises gestaucht wurden. Aus diesem Rumpf aufgeworfener Schmelzwassersande und Geschiebemergel treten zwei Kuppen hervor: Die eine ist der Große Müggelberg mit einer Höhe von knapp 115 Metern, der andere heißt Kleiner Müggelberg und schafft es immerhin auf etwas mehr als 88 Meter.

Blick vom Müggelturm zum Großen Müggelberg, links im Bild ist der östliche Teil des Müggelsees erkennbar.

Schon lange bevor die ersten Wendenfürsten in das Spreegebiet kamen, waren die Müggelberge eine naturgebaute, von Wasser umgebene Festung germanischer Siedler. Fontane beschreibt ein Bild von Karl Blechen, das über das bloß Landschaftliche der Müggelberge hinausgeht und überlieferte Sagen mit einbezieht. Es zeigt ein Semnonenlager, Schilde und Speere sind zusammengestellt, ein Feuer flackert und unter den Fichten lagern die germanischen Urbewohner.

Den **Großen Müggelberg** ziert ein Gipfelkreuz mit der Aufschrift: „Höchster natürlicher Berg Berlins". Früher stand hier die 40 Meter hohe

Bismarckwarte, ein Aussichtsturm mit Gedächtnishalle. Auf der Spitze der Warte war eine Feuerschale angebracht, aus der durch ein spezielles Verfahren eine bis zu 18 Meter hohe Flamme erzeugt werden konnte. Diese Flamme leuchtete auch während der Olympischen Sommerspiele 1936 in den Himmel. Ende des Zweiten Weltkriegs wurde der Turm von den Deutschen gesprengt, um den anrückenden sowjetischen Truppen die Möglichkeit zu nehmen, sich hier beim Marsch auf Berlin Orientierung zu verschaffen.

Der **Kleine Müggelberg** ist ein beliebtes Berliner Ausflugsziel, das seine Anziehung besonders dem 1961 errichteten, knapp 30 Meter hohen Aussichtsturm verdankt. Über die Ästhetik der Stahlbetonskelettbauweise mit neun Geschossen und Panoramafenstern kann man geteilter Meinung sein, doch die Aussicht von seiner Plattform ist unbestritten schön.

Bereits 1889/90 war an dieser Stelle ein Aussichtsturm aus Holz gebaut worden, der die Form einer chinesischen Pagode hatte. Wie der benachbarte Bismarckturm sollte auch dieser 1945 gesprengt werden. Die Sprengung konnte zwar verhindert werden, aber nicht das Feuer, das den Turm 1958 zerstörte.

Fontane genoss den Ausblick vom Müggelberg ohne Turm. „Wir blicken westlich auf die Bilder modernen Lebens und lachender Gegenwart. (...) Die Türme der Hauptstadt, die graugelben Wände des Köpenicker Schlosses, beide leuchten im Schein der untergehenden Sonne." Dann

„Berlins schönste Aussicht", so heißt es im Werbeflyer der Betreibergesellschaft des Müggelturms. Wer das Blickerlebnis genießen möchte, muss zunächst 126 Stufen bis zur Aussichtsplattform emporsteigen.

Blick vom Müggelturm nach Süden: Umschlossen vom Grün eines ausgedehnten Waldgebiets liegt der vom Dahme-Fluss gebildete Langer See.

wandte er den Blick in die andere Richtung. „Welch Gegensatz! Die Spree zieht den Müggelsee wie einen breiten Spiegelkristall an ihrem schmalen, blauen Bande auf, und die Dahme buchtet sich immer weiter und breiter landeinwärts und schafft Inseln und Halbinseln, so weit unser Auge reicht. Auf Quadratmeilen hin nur Wasser und Wald."

Ein vor wenigen Jahren wieder zugängliches attraktives Wanderziel sind die im nordwestlichen Teil der Müggelberge liegenden **Kanonenberge**. Die Bezeichnung geht auf die Zeit vor dem Ersten Weltkrieg zurück, als dort – wie auch später nach der Machtergreifung der Nationalsozialisten – zur Erprobung von Waffen Schießübungen durchgeführt wurden. An höchster Stelle befindet sich eine Aussichtsplattform, die allerdings in den vergangenen Jahrzehnten nicht mehr zugänglich war, da man die zuführenden Wanderwege verwildern ließ. Ab 2006 begann man, den Aussichtspunkt wie auch die Wege wieder freizulegen.

Information
Der Aussichtsturm ist (vorbehaltlich abweichender Öffnungszeiten) ab dem 1. April 2018 an allen Tagen von 10–20 Uhr geöffnet.
www.koepenick.net

Müggelsee

Sobald die Spree die Müggelberge erreicht, durchfließt sie das weite Wasserbecken des Großen Müggelsees. Mit einer knapp siebeneinhalb Quadratkilometer großen Fläche ist das Gewässer der größte der Berliner Seen. „Ein eigner Zauber webt um ihn her", empfand Fontane, der die Gegend durch mehrmalige Aufenthalte recht gut kannte, und dort seine Phantasie gerne der Zauber- und Märchenwelt alter Sagen überließ. „Man kann seine Ufer und das Waldland, das ihn einfaßt, nicht durchwandern, ohne an Sinn und Herz zu empfinden, dass dies ein Boden ist, der seine Sagen getragen haben muß."

Über die Herkunft des Namens gibt es verschiedene Annahmen. Am wahrscheinlichsten ist die Vermutung, dass er auf den indogermanischen Wortstamm mighla, was Nebel bedeutet, zurückgeht.

Als Fontane in den 1860er Jahren den See zum ersten Mal sah, gab es außer der auf einer vorspringenden Sanddüne stehenden **Müggelbude** kein einziges Haus am See. Heute sind die beiden Ortschaften – Rahndorf im Osten und Friedrichshagen im Nordwesten –, die zur damaligen Zeit noch an der Spree lagen, bis zum Müggelufer herangewachsen.

Die Müggelbude war alles: Leuchtturm, Fischerwohnung, Fähr- und Gasthaus. Sie befand sich dort, wo der 1926 gebaute Spreetunnel, der für Fußgänger unter der Spree eine Verbindung vom Müggelpark in Friedrichshagen zur Köpenicker Kämmereiheide schafft, seinen südlichen

Ausgang hat. Wenige Jahre nachdem Fontane die Müggelbude besucht hatte, wurde sie durch ein Feuer zerstört. Auch die nachfolgende Gaststätte an dieser Stelle, das Müggelschlösschen, existiert nicht mehr. Das einst viel besuchte Lokal mit seinem Biergarten, der 5000 Gästen Platz bot, fiel im Zweiten Weltkrieg einem Bombenangriff zum Opfer. Heute erinnern nur noch einige Treppenreste der früheren Terrassen an diese Einrichtung.

Blickt man vom Müggelturm nach Norden, so entfaltet sich vor den Augen ein breites Panoramabild, das von den Wäldern der Müggelberge und dem langgestreckten Großen Müggelsee bestimmt wird.

Der Müggelsee ist ein beliebtes Ziel des Berliner Ausflugsverkehrs. Rund um den See sind mehrere offizielle Badestellen eingerichtet, von denen allein das **Strandbad Müggelsee** in Rahndorf jährlich von mehr als 100 000 Menschen aufgesucht wird. An vielen Stellen gibt es die Möglichkeit, Segel- und Motorboote oder Kanus zu mieten.

Für Technikinteressierte dürfte das am nördlichen Seeufer befindliche **Museum im Wasserwerk** interessant sein, wo unter anderem die original erhaltene Maschinenhalle mit ihren Kolbendampfmaschinen besichtigt werden kann.

Neben einem gut ausgebauten Netz von Wanderwegen durch die angrenzenden Müggelberge wurde neuerdings auch ein **Jakobsweg** ausgewiesen, der am südlichen Ufer des Müggelsees entlangführt und die letzte Etappe einer Wegstrecke bildet, die in Frankfurt (Oder) beginnt und in Alt-Köpenick endet.

Fontane wäre ganz sicherlich der Jakobsmuschel, dem europaweit bekannten Wegweiser gefolgt. Da aber der Jakobuskult, so wie er heute ausgeprägt ist, zu seiner Zeit noch unbekannt war, begnügte er sich, an der Müggel zu sitzen und „die leise Musik von Wald und Wasser um sich her, die Stunden zu verträumen". Und wenn dann nach Sonnenuntergang die Müggelberge ihre wachsenden Schatten bis weit in den See hineinwerfen und ein dünner Nebel über das Wasser zieht, wird in seiner Phantasie vielleicht die Prinzessin auftauchen, von der es heißt, sie käme allabendlich mit vier goldfarbenen Pferden von den Müggelbergen herab, um die Durstigen im See zu tränken.

Tourismusverein Berlin Treptow-Köpenick
Alt-Köpenick 31
12555 Berlin
T. 030 6557550
www.tkt-berlin.de

Teupitz

Das Städtchen liegt am malerischen Teupitzer See in der waldreichen historischen Region des **Schenkenländchens**. Dieser Gebietsname geht auf die Ritterfamilie der „Schenken von Landsberg" zurück, die im 14. Jahrhundert Dörfer im Umkreis von Königs Wusterhausen erworben hatte. Ihren Sitz hatte die Familie im **Schloss Teupitz**, das sich auf einer Halbinsel im Teupitzer See befand. 1717 verkaufte der letzte Schenken den Besitz an den preußischen König Friedrich Wilhelm I., der das Schenkenländchen zu einer Außenstelle der Herrschaft Königs Wusterhausen machte.

Schloss Teupitz auf einer Lithographie um 1860 aus der Sammlung des Verlegers und Königlichen Hofbuchhändlers Alexander Duncker.

Mit Ausnahme von Turm und einigen Mauerresten existiert das alte Schloss heute nur noch auf Bildern; ein Nachfolgebau sah verschiedene Besitzer, 1930 wurde es vorübergehend zum „Hotel Schloss am Teupitzsee". Heute ist das Anwesen im Privatbesitz und öffentlich nicht zugänglich.

Das einzige kulturhistorisch bedeutsame Bauwerk aus mittelalterlicher Zeit ist die **Heilig-Geist-Kirche**, deren urkundliche Ersterwähnung das Datum von 1307 aufweist. Aus der ursprünglich kleinen Feldsteinkirche wurde unter der Herrschaft der Schenken ein stattlicher Backsteinbau. Ihre äußere Gestalt hat sich unter den späteren Erneuerungen kaum verändert. Im Inneren des Gotteshauses gibt es allerdings kaum noch Details, die an die alte Zeit erinnern. „Alle jene Bilder, Gedächtnistafeln und Ornamente, die vielleicht imstande gewesen wären, der ziemlich grau in grau gemalten Geschichte der Schenken von Teupitz etwas Licht und Farbe zu leihen, sie sind zerstört oder verlorengegangen", stellte Fontane nach seiner Besichtigung der Kirche am 22. Juni 1862 fest. Die holzgeschnitzte Barockkanzel entstand 1692, die Orgel wurde 1694 hergestellt und der Taufstein ist von 1884.

Die Innenausstattung der Heilig-Geist-Kirche glänzt mit einer Orgel von 1694.

Abschied von Teupitz nahm Fontane auf dem Jesenberg, einem Hügel am Südrande der Stadt. Der Blick von dort oben auf die Stadt und den See faszinierte ihn. Bei einer letzten Fahrt mit dem Boot über den See beschlich ihn das Gefühl, als ruhe hier ein Geheimnis, eine Geschichte. „So sah ich den Teupitz-See zuletzt, und ich habe Sehnsucht, ihn wiederzusehn. Ist es seine Schönheit allein, oder zieht mich der Zauber, den das Schweigen hat? Jenes Schweigen, das etwas verschweigt." Vielleicht kommt der Besucher hinter das Geheimnis jenes Schweigens, wenn er im Fontanepark, der anlässlich des 30. Todestages 1928 an der Kirchstraße eröffnet wurde, darüber nachdenkt.

Heilig-Geist-Kirche
Kirchstr. 3
15755 Teupitz
T. 033766 62262
www.kkzf.de
www.teupitz.de

Biografie Theodor Fontane

1694

Jacques François, Vorfahr Theodor Fontanes und französischer Hugenotte emigriert aus Glaubensgründen aus dem Languedoc nach Berlin.

24. März 1819

Heirat der Eltern Theodor Fontanes

Ende März 1819

Die Eltern Theodor Fontanes übersiedeln von Berlin nach Neuruppin.

30. Dezember 1819

Geburt Theodor Fontanes in Neuruppin als Sohn des Apothekers Louis Henri Fontane und seiner Frau Emilie, geb. Labry

27. Januar 1820

Theodor Fontane wird getauft auf den Namen Henri Théodore.

Juni 1827

Familie Fontane zieht von Neuruppin nach Swinemünde (heute Świnoujście).

Ostern 1832

Rückkehr nach Neuruppin, Eintritt in die Quartastufe des Gymnasiums

1. Oktober 1833

Wechsel auf die Gewerbeschule K. F. Klöden in Berlin

1836

Erfolgreiche Beendigung der Gewerbeschule mit dem Einjährigen-Zeugnis und Beginn einer Apotheker-Lehre in der Roseschen Apotheke in Berlin

1837 bis 1838

Der Vater Theodor Fontanes übernimmt die Leitung der 1673 gegründeten Löwen-Apotheke in Mühlberg an der Elbe. Dort wird am 23. April 1838 die Tochter Elisabeth Charlotte, genannt Elise, geboren. Theodor Fontane ist Taufpate.

August 1838

Fontanes Eltern übersiedeln nach Letschin (Oderbruch), wo der Vater eine Apotheke erworben hatte.

Herbst 1839

Abschluss der Lehre, im gleichen Jahr erscheint Fontanes Novelle „Geschwisterliebe" im „Berliner Figaro".

1840

Nach drei Monaten Anstellung als Apotheker-Gehilfe in Burg bei Magdeburg, Wechsel nach Leipzig in die Apotheke „Zum weißen Adler". Im „Berliner Figaro" erscheinen weitere

Gedichte. Es entstehen der Roman „Du hat recht getan" sowie das Epos „Heinrichs IV. erste Liebe", die beide verschollen sind.

Dezember 1840

Rückkehr nach Berlin

1841 bis 1843

erscheinen regelmäßig Gedichte in der belletristischen Zeitschrift „Die Eisenbahn".

1843

Sporadische Beschäftigungen in der Apotheke seines Vaters in Letschin

1844

1. April

Aufnahme im Kaiser-Franz-Garde-Regiment

Mai bis Juni

Erster Aufenthalt in England

29. September

Ordentliches Mitglied im literarischen Verein „Der Tunnel"

8. Dezember 1845

Verlobung mit Emilie Rouanet-Kummer

März 1847

Staatsprüfung zum Apotheker. Trennung der Eltern (ohne Scheidung), Mutter Fontane geht nach Neuruppin zurück.

1848

15. September

Anstellung im christlichen Krankenhaus Bethanien in Berlin

18. März

Teilnahme an den Barrikadenkämpfen in Berlin

30. September 1849

Fontane beendet seine Beschäftigung in Bethanien und seine Laufbahn als Apotheker, um fortan als freier Schriftsteller zu arbeiten.

Bis April 1850

Korrespondent der „Dresdner Zeitung". „Acht Preußenlieder" erscheinen.

1850

August

Stelle als Lektor im „Literarischen Kabinett" der Regierung

16. Oktober

Heirat mit Emilie Rouanet-Kummer

1851

14. August

Geburt des Sohnes George Emile

November

Beginn der Arbeit für die „Preußische Zeitung"

23. April bis 25. September 1852
im Auftrage der „Preußischen Zeitung" in London

10. September 1855
Beginn eines mehrjährigen Aufenthalts als Presse-Beauftragter in London (bis 1859)

1856
Sohn Theodor wird geboren.

Juli 1857
Fontane lässt seine Familie nach London nachkommen.

August 1858
Reise mit Bernhard von Lepel nach Schottland

1859

15. Januar:
Rückkehr nach Berlin. Beginn mit der Arbeit an den „Wanderungen". Erste Reise mit Bernhard von Lepel in das Land Ruppin

Juli
Publikation „Ein Stündchen vorm Potsdamer Tor"

1860

1. Juni
Eintritt in die „Neue Preußische Zeitung" (Kreuzzeitung)

21. März
Geburt von Tochter Martha „Jenseit des Tweed, Bilder und Briefe aus Schottland" wird veröffentlicht.

November 1861
Erscheinungsbeginn der „Wanderungen durch die Mark Brandenburg", bis 1882 vier Bände

5. Februar 1864
Sohn Friedrich wird geboren. Reisen nach Schleswig-Holstein und Dänemark

1865
Reise an den Rhein und in die Schweiz

1866
Reisen zu den böhmischen und süddeutschen Kriegsschauplätzen. Veröffentlichung der „Reisebriefe vom Kriegsschauplatz"

1867
Tod des Vaters in Schiffmühle bei Freienwalde

1869
Tod der Mutter in Neuruppin

1870
Fontane verlässt die „Kreuzzeitung" aufgrund politischer Differenzen, arbeitet fortan für die „Vossische Zeitung" als Theaterrezensent. Reise zum französischen Kriegsschauplatz.

5. Oktober
Wegen Spionageverdacht Festnahme in Domremy und Internierung auf der Île d'Oléron

5. Dezember

Rückkehr nach Berlin. „Der deutsche Krieg von 1866"

1871

Reise nach Frankreich

1873

„Der Krieg gegen Frankreich 1870-1871"

1874

Reise mit seiner Frau nach Italien über Verona, Venedig, Florenz, Rom, Neapel, Capri, Sorrent, Salerno und Piacenza

1875

Reise in die Schweiz und nach Oberitalien, Rückreise über Wien

März bis Mai 1876

Arbeit als Sekretär der Akademie der Künste, Berlin

Oktober 1878

Der Roman „Vor dem Sturm" erscheint.

1880

„Grete Minde", eine Erzählung

1881

Die Erzahlung „Ellernklipp" erscheint.

1882

Roman „L'Adultera", „Spreeland", der letzte Band der „Wanderungen" wird veröffentlicht.

1883

Novelle „Schach von Wuthenow"

1884

Roman „Graf Petöfy"

1885

„Unterm Birnbaum", eine Kriminalnovelle

1887

Roman „Cecile"

September

Tod des Sohnes George Emile

1888

„Irrungen und Wirrungen" Mit seinem Sohn gründet Fontane den Verlag „Friedrich Fontane".

1888 bis 1892

Vollendung der Romane „Stine" und „Quitt", sowie „Unwiederbringlich" und „Frau Jenny Treibel"

1889

Mit „Fünf Schlösser" erscheint der 5. Band der „Wanderungen".

1890 bis 1891

Erste Gesamtausgabe der Romane und Novellen in 12 Bänden

April 1892

Ernsthafte Erkrankung

1894

Biographie „Meine Kinder-
jahre"

November 1894

Erhalt der Ehrendoktorwürde
der Philosophischen Fakultät
der Universität Berlin

1894/1895

Vorabdruck von „Effi Briest"

1887 bis 1898

Vorabdruck des Romans „Der
Stechlin" in der Zeitschrift
„Über Land und Meer"

1898

Zweite autobiographische
Schrift „Von Zwanzig bis Dreißig" erscheint.

20. September

Tod Fontanes in Berlin

Literatur

Erler, Gotthard: Vorwort in „Theodor Fontane Wanderungen durch die Mark Brandenburg. Die Grafschaft Ruppin". Berlin und Weimar 1987, Frankfurt 1989

Fontane, Theodor: Briefe, 4 Bände, hrsg. v. Kurt Schreinert, Berlin 1968-1971

Fontane, Theodor: Meine Kinderjahre. Autobiographische Schriften. Herausgegeben von Gotthard Erler, Peter Goldammer und Joachim Krueger. Berlin und Weimar 1982

Fontane, Theodor: Wanderungen durch die Mark Brandenburg. Band 1-5. Hrsg. Gotthard Erler und Rudolf Mingau, Berlin und Weimar 1987, Frankfurt 1989

Fontane, Theodor: Wanderungen durch die Mark Brandenburg. (Bd. 7): Dörfer und Flecken im Lande Ruppin. Hrsg. Gotthard Erler unter Mitarbeit von Therese Erler. Berlin und Weimar 1991

Fontane, Theodor: Von Zwanzig bis Dreißig. Hrsg. Walter Keitel. Frankfurt/Main., Berlin, Wien 1980.

Bange, Pierre: Zwischen Mythos und Kritik. Eine Skizze über Fontanes Entwicklung bis zu den Romanen. In: Aust, Hugo (Hrsg.): Fontane aus heutiger Sicht. München 1980

Fricke, Hermann: Theodor Fontane. Chronik eines Lebens. Berlin-Grunewald 1960

Fürstenau, Jutta: Fontane und die märkische Heimat. Germanische Studien, Heft 232. Berlin 1941, Neuauflage von 1969

Heller, Gisela: Unterwegs mit Fontane in Berlin und der Mark Brandenburg. Berlin 1992

Jolles, Charlotte: Der Stechlin. Fontanes Zaubersee. In: Aust, Hugo (Hrsg.) : Fontane aus heutiger Sicht. München 1980

Lentz, Georg: Märkische Protokolle. Frankfurt/M. - Berlin 1992

Nürnberger, Helmuth: Theodor Fontane. Reinbek 1968

Nürnberger, Helmuth: Fontanes Welt. Berlin 1997

Paulsen, Wolfgang: Im Banne der Melusine: Fontane und sein Werk. Bern 1988

Reuter, Hans-Heinrich: Fontane. Band 1-2. München 1968

Roch, Herbert: Fontane. Berlin und das 19. Jahrhundert. Berlin-Schöneberg 1982

Badstübner, Ernst: Brandenburg. DuMont Kunst-Reiseführer. Köln 1993

Ortsregister

Personenregister

Bildnachweis/Impressum

Bildnachweis

Coverabbildungen: Bild oben: Georg Jung, Hamburg; Bild unten: Wikimedia Commons

Innenabbildungen: alle Bilder von Georg Jung, Hamburg, außer:
Museum Neuruppin, Neuruppin: 46;
picture alliance, Frankfurt am Main: 28;
Stadtmuseum, Berlin, Theaterabteilung, Handschriftensammlung, Inv.-Nr.: V-67-869: 13;
Theodor-Fontane-Archiv, Potsdam: 19 l., 19 r.;
Wikimedia Commons: 9, Jörg Blobelt (CCBY-SA4.0) 113, stern (CCBY-SA3.0) 136 o., 226, Assenmacher (CCBY-SA4.0) 227

Impressum

Bibliografische Information der Deutschen Nationalbibliothek
Die Deutsche Nationalbibliothek verzeichnet diese Publikation in der Deutschen Nationalbibliografie; detaillierte bibliografische Daten sind im Internet über http://dnb.d-nb.de abrufbar.

ISBN 978-3-8319-0730-4

© Ellert & Richter Verlag GmbH, Hamburg 2018

2. Auflage 2019

Text: Georg Jung, Hamburg
Redaktion: Sophie Niemann, Hamburg
Gestaltung: BrücknerAping Büro für Gestaltung GbR, Bremen
Gesamtherstellung: Opolgraf SA, Opole, Polen

Alle Angaben in diesem Buch sind gewissenhaft geprüft. Telefonnummern, E-Mail-Adressen u. Ä. können sich aber schnell ändern. Daher können wir keine Gewähr für deren Richtigkeit übernehmen. Für Anregungen, Berichtigungen und Ergänzungsvorschläge sind wir dankbar. Bitte senden Sie diese an:

Ellert & Richter Verlag
Borselstr. 16 C
22765 Hamburg
info@ellert-richter.de

www.ellert-richter.de
www.facebook.com/Ellert-RichterVerlag